改革开放进程中的经济学家学术自传

张卓元　高培勇　主编

# 厉以宁学术自传

厉以宁◎著

ACADEMIC AUTOBIOGRAPHY OF LI YINING

SPM
南方出版传媒
广东经济出版社
·广州·

**图书在版编目（CIP）数据**

厉以宁学术自传 / 厉以宁著. —广州：广东经济出版社，2020.2

（改革开放进程中的经济学家学术自传）

ISBN 978-7-5454-6815-1

Ⅰ.①厉… Ⅱ.①厉… Ⅲ.①厉以宁—自传 ②经济学—文集 Ⅳ.①K825.3 ②F-53

中国版本图书馆CIP数据核字（2019）第214056号

出 版 人：李 鹏
责任编辑：周 晶
责任校对：李玉娴 谢善德
责任技编：陆俊帆

**厉以宁学术自传**
LIYINING XUESHU ZIZHUAN
厉以宁 著

| | |
|---|---|
| 出版发行 | 广东经济出版社（广州市环市东路水荫路11号11—12楼） |
| 经销 | 全国新华书店 |
| 印刷 | 恒美印务（广州）有限公司<br>（广州市南沙经济技术开发区环市大道南路334号） |
| 开本 | 787毫米×1092毫米 1/16 |
| 印张 | 12.75 |
| 字数 | 130 千字 |
| 版次 | 2020年2月第1版 |
| 印次 | 2020年2月第1次 |
| 书号 | ISBN 978-7-5454-6815-1 |
| 定价 | 88.00元 |

广东经济出版社网址：http://www.gebook.com 微博：http://e.weibo.com/gebook
图书营销中心地址：广州市环市东路水荫路11号11楼
电话：（020）87393830 邮政编码：510075
如发现印装质量问题，影响阅读，请与承印厂联系调换。
广东经济出版社常年法律顾问：胡志海律师

# 《改革开放进程中的经济学家学术自传》丛书

## 编辑委员会

# 《改革开放进程中的经济学家学术自传》丛书
# 分册名录

（按姓氏音序排列）

1.《白重恩学术自传》
2.《蔡昉学术自传》
3.《常修泽学术自传》
4.《陈东琪学术自传》
5.《陈锡文学术自传》
6.《迟福林学术自传》
7.《樊纲学术自传》
8.《范恒山学术自传》
9.《房维中学术自传》
10.《高培勇学术自传》
11.《高尚全学术自传》
12.《郭克莎学术自传》
13.《洪银兴学术自传》
14.《黄达学术自传》
15.《黄群慧学术自传》
16.《贾康学术自传》
17.《江小涓学术自传》
18.《金碚学术自传》
19.《李实学术自传》
20.《李晓西学术自传》
21.《厉以宁学术自传》
22.《林兆木学术自传》
23.《刘诗白学术自传》
24.《刘世锦学术自传》
25.《刘树成学术自传》
26.《刘伟学术自传》
27.《马建堂学术自传》
28.《彭森学术自传》
29.《宋晓梧学术自传》
30.《田国强学术自传》
31.《王梦奎学术自传》
32.《王一鸣学术自传》
33.《魏杰学术自传》
34.《魏礼群学术自传》
35.《乌家培学术自传》
36.《吴敬琏学术自传》
37.《杨瑞龙学术自传》
38.《张军学术自传》
39.《张军扩学术自传》
40.《张晓山学术自传》
41.《张燕生学术自传》
42.《张宇燕学术自传》
43.《张卓元学术自传》
44.《赵人伟学术自传》
45.《郑新立学术自传》
46.《周叔莲学术自传》

# 总　序

Preface

盛世出华章。中国的改革开放是一场波澜壮阔、前无古人的伟大社会变革，也将是世界经济发展史上的瑰丽篇章。中国经济学家在这场伟大变革中，或贡献了智力，或参与了实践，无论是参政建言还是学术构建，均厥功甚伟。

在我们先后迎来改革开放40周年和中华人民共和国成立70周年之际，为了记录并彰显中国经济学家的历史贡献，为中国特色社会主义事业进一步发挥智慧的力量和作用，同时借以勉励后学筑梦前行，我们组织并编辑了这套《改革开放进程中的经济学家学术自传》丛书。

这套丛书的出版设想，最初由广东经济出版社提出。在此之前，得力于中国社会科学院经济研究所张卓元教授等的大力支持，该社曾于2009年编辑出版《影响新中国60年经济建设的100位经济学家》丛书。那套丛书产生了良好的社会反响，也获得了较高的学术评价。弹指一挥间，又是一个十年，共和国迎来了70华诞，改革开放也逾40周年。在这样一个特殊的背景下，广东经济出版社邀请张卓元教授和高培勇教授领衔，由《经济研究》编辑部具体负责，组织、编辑一套集中反映改革开放进程中的经济学家学术探索和心路历程的丛书。

认识到这是一件颇具眼光、很有意义的事情，于是，便有了读者眼前这套《改革开放进程中的经济学家学术自传》丛书编辑出版工作的启动。

中国经济改革与发展的伟大实践，为中国经济学家的成长提供了肥沃的土壤。要从这些灿若繁星的经济学家中推选出大家比较公认的富有影响力的经济学家，并不容易。怎样推选？推选多少？具体标准是什么？如何约稿？丛书的体例又该如何把握？这一系列相关问题接二连三地提至我们面前。

为此，在初步拟订编辑出版方案的基础上，由张卓元教授和高培勇教授主持，邀请部分专家召开了小范围的论证会议，就组建丛书编辑委员会以及丛书编辑出版的一系列相关问题听取意见，进一步完善方案。

紧跟着，2017年6月25日，丛书编辑委员会会议在北京举行。出席会议的委员共有19位（按姓氏音序排列）：白重恩、常修泽、陈东琪、陈锡文、迟福林、高培勇、郭克莎、黄群慧、金碚、李晓西、刘伟、彭森、宋晓梧、田国强、魏礼群、吴敬琏、张军扩、张燕生、张卓元。因故请假、提供书面意见的委员有10位（按姓氏音序排列）：蔡昉、曹远征、贾康、李实、李扬、厉以宁、林毅夫、刘世锦、钱颖一、张军。

这次编辑委员会会议就如下一些重要问题形成了高度共识：

第一，关于丛书的意义。委员们高度认可丛书的编辑出版工作，认为这是一项富有重要历史和现实意义的出版工程。

第二，关于丛书入选者的标准和数量。委员们认为应本着宁缺毋滥、质量为先原则，以对改革开放事业的某个特定领域做出实质性贡献或产生实质性影响的经济学家为重点，入选者宜掌握在60位左右。

第三，关于丛书的体例。基于凸显学术价值和史料价值的考虑，委员们认为学术自传宜涵盖作者的学术成长历程、作者对改革开放事业某个特定领域的研究成果和学术贡献、作者对特定领域改革前景的展望等方面内容。

第四，关于丛书的读者对象。委员们认为应主要面向青年学者以及学生，谈人生经验、述理想情怀，激励广大青年学者和学生确立奋斗的目标、发展的方向和成功的路径。

第五，关于丛书的文风。委员们主张学术自传应具有较强的理论性、学术性，同时文笔流畅、深入浅出，具有一定的可读性。

在经过充分讨论形成的候选经济学家名单基础上，与会委员按照获得半数以上多数票入选的规则，以无记名投票方式表决确定了65位入选者。

会议还决定，请因故请假的委员继续对候选经济学家名单通讯投票，并根据此项流程的统计结果，提请全体编辑委员会委员再进行一次通讯评审，最终确定丛书入选者为68位。

由此产生的《改革开放进程中的经济学家学术自传》丛书入选作者为（按姓氏音序排列）：白重恩、蔡昉、曹远征、常修泽、陈东琪、陈清泰、陈锡文、迟福林、樊纲、范恒山、房维中、高培勇、高尚全、郭克莎、郭树清、韩俊、洪银兴、华生、黄达、黄群慧、贾康、江小涓、金碚、李剑阁、李京文、李实、李晓西、李扬、厉以宁、林毅夫、林兆木、刘国光、刘鹤、刘诗白、刘世锦、刘树成、刘伟、隆国强、楼继伟、马建堂、彭森、钱颖一、宋晓梧、田国强、王梦奎、王一鸣、魏杰、魏礼群、乌家培、吴敬琏、吴晓灵、杨启先、杨瑞龙、易纲、余永定、张军、张军扩、张维迎、张晓山、张燕生、张宇燕、张卓元、赵人伟、郑新立、周其仁、周叔莲、周小川、朱玲。

在确定入选者名单之后，《经济研究》编辑部立即展开了组稿工作，共有46位入选者接受约稿。在这一过程中，入选的经济学家或其家属、秘书、好友等，对我们的工作给予了热情的支持，在百忙之中积极准备所需要的文献，其认真精神令人感动。应该说，没有他们的积极响应和大力支持，这套丛书是难以按时按质完成的。

由于入选的经济学家大多是名人、忙人，有一部分老作者也已年届九十高龄，约稿的工作量及其难度可想而知。一些作者提出暂不能写作，这多少令我们感到些许遗憾。其间也有许多感人的情景要告诉读者们：常修泽先生于2018年夏天在吉林延边的一个小镇闭门两三个月专事自传写作，在整个写作过程中数十次与编辑部和出版社沟通，包括内容完善、结构设计和一些合理性建议等诸多细节，并且在约定期限内交稿给编辑部；九十五岁高龄的黄达教授在写作过程中十余次通过电话或电子邮件与编辑部讨论写作重点和风格；乌家培、林兆木、王梦奎等老先生也是不厌其烦，反复就文字沟通润色；周叔莲先生在去世前一周还给编辑部打电话，告诉编辑自己已经基本完成了书稿的写作，并详细介绍了自己的写作过程和感想，我们至今忆此仍为之动容。在这些难得的沟通中，我们一次次被感动。

随着此套丛书的陆续编辑出版，我们越来越强烈地体会到了这项工作的意义和价值:

入选这套丛书的作者，系改革开放进程中的经济学家，他们的知名度较高，社会影响较大。这套自传体丛书，是对他们的代表性研究成果、学术贡献、成长历程及人格魅力的一个集中展示。对于广大读者特别是青年学子来说，这无疑是一个难得的学习、了解我国经济理论和现实问题的机会。

这些经济学家在各自的学术领域都是佼佼者或领军者，他们学术素养深厚、学术成就卓越。他们在自传中大多以第一人称娓娓道来，讲述了自己的家国情怀与学术成长经历，为记录我国改革开放历程留下了第一手资料。从经济史和思想史的角度看，这应该是非常有史料价值的研究文献。

众多大家的纸上风华，既映射出中国改革开放40多年取得的巨大成就，也是对中国改革与发展经验比较系统的总结。正如习近平总书记所指出的:“从我国改革发展的实践中挖掘新材料、发现新问题、提出新观点、构建新理论，加强对改革开放和社会主义现代化建设实践经验的系统总结，加强对发展社会主义市场经济、民主政治、先进文化、和谐社会、生态文明以及党的执政能力建设等领域的分析研究，加强对党中央治国理政新理念新思想新战略的研究阐释，提炼出有学理性的新理论，概括出有规律性的新实践。这是构建中国特色哲学社会科学的着力点、着重点。”应该说，本套丛书的作者们用生动而精彩的人生与学术追求，践行了这一重要要求。

这套丛书的编辑出版与《经济研究》编辑部各位同仁的努力也是分不开的。他们通过电话、短信和邮件等方式不断地与作者或其家人、秘书等进行沟通。参加组稿和审稿工作的人员有:郑红亮、刘霞辉、张永山、唐寿宁、王利娜、谢谦、金成武、孙三百、陈小亮、欧宏、王红梅、刘莹、曹帅。

广东经济出版社的领导和编辑在本丛书的出版过程中也做了大量的工作，正是有了他们的努力，这套丛书才能得以顺利与读者见面。

特别值得一提的是，这样一套组织工作浩繁的大型丛书，见证了《经济研究》编辑部与广东经济出版社值得称道的团队合作精神。编辑部的张永山、王红梅同志和广东经济出版社的编辑团队从始至终为丛书的组织沟通、约稿、文稿整理付出了大量的心血，他们的耐心和一丝不苟的敬业精神令人称道。

这套丛书就此付梓了，回望中国改革开放的辉煌岁月，携手丛书作者对祖国的拳拳心路与期待，我们略感欣慰！但由于时间仓促，加之我们的水平有限，书中的不足和错误之处在所难免，敬请广大读者批评指正。

《改革开放进程中的经济学家学术自传》丛书编辑委员会

2019年10月

**厉以宁**

历任资料员、助教、讲师、副教授、教授、博士生导师、资深教授、北京大学经济管理系主任、北京大学光华管理学院院长。现任北京大学光华管理学院名誉院长。1988年至2002年任第七届、第八届、第九届全国人大常委会委员，第八届全国人大财经委员会副主任委员，第九届全国人大法律委员会副主任委员，2003年至2012年任第十届、第十一届全国政协委员，全国政协经济委员会副主任。2013年起任第十二届全国政协常委。

厉以宁同志在经济学理论方面著书多部，并发表了大量文章，是我国最早提出股份制改革理论的学者之一。他提出了中国经济发展的非均衡理论，并对“双重转型”进行理论探讨。另外，他还主持了《中华人民共和国证券法》和《中华人民共和国证券投资基金法》的起草工作。这些都对中国经济的改革与发展产生了深远影响。

厉以宁同志在全国人大和全国政协任职期间，还参与推动《国务院关于鼓励支持和引导个体私营等非公有制经济发展的若干意见》（简称“非公经济36条”）以及《国务院关于鼓励和引导民间投资健康发展的若干意见》（简称“非公经济新36条”）的出台。在担任毕节开发扶贫生态建设试验区专家顾问组组长期间，积极参与并推动毕节的扶贫改革。另外，厉以宁同志在国有林权制度改革、国有农垦经济体制改革以及低碳经济发展方面，都做出了突出贡献。

厉以宁同志的《体制·目标·人：经济学面临的挑战》《国民经济管理学》《中国经济改革的思路》《非均衡的中国经济》《中国经济改革与股份制》《股份制与现代市场经济》《经济学的伦理问题》《转型发展理论》《超越市场与超越政府：论道德力量在经济中的作用》《资本主义的起源——比较经济史研究》《二十世纪的英国经济》《罗马—拜占庭经济史》《希腊古代经济史》《论民营经济》《工业化和制度调整》《中国经济双重转型之路》等主要著作，具有重要的学术价值、文献价值和理论价值，为推动中国经济改革和发展提供了重要的理论指导。

厉以宁学术自传

# 目录

# 前　言

我是1951年通过高考进入北京大学经济系的。在来自湖南考区的众多考生中，北京大学经济系只录取了我一个人。

在大学阶段，要选择外语课。通过测验，我选择了“大二英语”班，作业任务很重，有英译中，也有中译英，好在我中学时英语基础比较扎实，都能通过。当时我们仍在城内红楼上课，如政治经济学、会计学、统计学等都是重点课，也是打基础的课，所以不敢松劲。

1952年夏季，开始院系调整，各人选志愿。凡选政治经济学专业的，迁到西郊燕京大学校舍，因为燕京大学并入北大了。选择财政、国际贸易、会计、统计、金融的，则并入中央财经大学的相关专业。

我选择的是政治经济学专业，这就决定了我这一辈子以经济理论、经济史、经济学说史为事业。毕业后我留校担任资料员，任务是帮助周炳琳教授整理资料。俄语是我在大学阶段自学的，经过3年多的刻苦学习，到我任资料员时，系里给我的任务是翻译苏联学者所著《外国经济史（封建主义时代）》一书。该书由三联书店出版。

此后20多年，我一直从事资料翻译工作。20世纪60年代初，当时北京大学教授外国经济史一课的周炳琳教授病重，住院治疗无效，不幸去世。他临终前，我到医院探望他，他说："看来外国经济史一课的担子要让你来挑了。"也正是从这个时候起，我承担了外国经济史的教学任务。由于讲课受到学生欢迎，我被提升为讲师，但我的工资没变，仍是每月60多元。

接着"文化大革命"开始，我被打成"牛鬼蛇神"，先是在经济系接受监督劳动，后来又被关进"牛棚"，然后又随着北京教职员到江西鄱阳湖边和北京大兴县（现为大兴区）农场劳动了两年。

1961年10月，赵迺抟教授（厉以宁的老师）和厉以宁在北京大学。

我在20世纪60年代前期曾发表过几篇有关外国经济史的论文，这使我稍感安慰——我总算没有浪费时间。

1973年起，胡代光同志担任经济系管教学的副系主任。他认为我作为资料员可以提供国外经济学界的新信息，供经济系教师参考。于是，我一个人在经济系资料室担任编辑《国外经济学动态》的工作，大约每个月刊出一期。《国外经济学动态》前后出版了40期左右。这些出版的资料成为当时多所高校从事经济研究的重要参考。

1976年，“四人帮”被打倒，国内形势发生变化。接着邓小平同志复出。从这时起，我才有机会对中国经济改革发表自己的见解。从1978年开始，我有关改革和开放的想法才有机会陆续发表。这本自传的内容就从20世纪70年代末开始。

# 第一章

## 诗情原在淡云中

——1988年经济改革的几件大事

# 一

1987年年终，有一天上午，我在家中看书，忽然接到学生打来的两个电话。一个学生告诉我："厉老师你已经被列为北京市全国人大代表的候选人了，选区是北京市丰台区。"另一个学生说："今天上午听中央人民广播电台广播，厉老师你已经被湖南省选为全国人大代表了。"后来我才知道，这两个学生的消息都是真的。但一个人怎么会同时被列入两个不同省市的全国人大代表的候选名单呢？一了解，原来湖南省选区的候选人资格是中央提名的，北京市的候选人资格则是选民自发提名的。经过协商，最终以湖南省选区为准。从这一届（第七届全国人民代表大会）开始，以后第八届、第九届我都是湖南省选区选出的全国人大代表。我担任全国人大代表一共15年，即从1988年到2002年。2003年，我由全国人大代表转为全国政协委员。我担任了三届全国政协委员，即第十届（2003—2007年）、第十一届（2008—2012年）、第十二届（2013—2017年）。把全国人大代表三届（第七届、第八届、第九届）和全国政协委员三届（第十届、第十一届、第十二届）

1988年6月，厉以宁在批改学生的论文。

的任期加在一起，1988—2017年，一共30年。

我当时作为北京大学经济管理系的教授和北京大学管理科学中心的教授，讲课、带研究生（硕士生和博士生）、培养进修教师、参加各个课题研究，还有出国短期讲学、出席国际学术会议，这都是我的分内工作，不能不负起责任。此外，当时我在北京大学还担任了一些行政职务，包括校学术委员会委员、校学术委员会社会科学分会主任、经济管理系系主任、管理科学中心副主任（主任由校长丁石孙兼任）等。这些工作一个也没有减少。所以我当时就想，趁现在我年纪还不算大（1988年，我的年龄是57岁），既然当选了全国人大代表，就一定要做到校内校外工作兼顾，才能不辜负社会和学校师生对我的期望。

1988年3月初，第七届全国人大开幕了。我到湖南代表团报到。湖南代表团住在德胜门外马甸的湖南省驻京办事处的招待所内。报到后遇到两位北大校友：一位是哲学系毕业生李泽厚，他1954年毕业，比我高一届，在中国社会科学院哲学研究所工作。当时他已经是很有名的哲学研究专家了。另一位是历史系毕业生张忠培，他1956年毕业，比我低一届，在故宫博物院工作，担任院长。李泽厚和张忠培都是湖南人，所以在湖南选区当选为全国人大代表。我并非湖南人，而是江苏人，为什么我被列入湖南选区当选全国人大代表呢？据我猜测，有两个原因。一个原因是：抗日战争时期我全家逃难到湘西，在沅陵住了几年，在那里上学，我自己常说湖南是我的第二故乡。另一个原因是：中华人民共和国成立之初我是在沅陵参加工作，先是在沅陵县教育用品消费合作社做会计，后被调到沅陵县修建委员会当事务员，并在那里参加1951年的高考，被北京大学经济系录取。在湖南代表团内一些代表打趣说："你是湖南的女婿，当然可以列入湖南选区！"这倒是事实，因为我妻子何玉春是湖南沅陵人。但不管中央是怎样考虑的，既然我被选为全国人大代表，那就认真履行自己的职责吧！

在第七届全国人大第一次全体会议上，有两次选举过程。一次是选举财政经济委员会成员，我被选为全国人大财政经济委员会委员。另一次是选举第七届全国人大常委会委员，我也被选上了。这样一来，我的工作负担大大加重了，因为全国人大常委会会议每隔两个月就要开一次，每次通常一个星期。而全国人大财政经济委员会的会议也很多，包括审查预算决算，讨论代表们有关财政经济方面的议案建议，

1985年11月，厉以宁在家中写作。

此外还有其他事项。我当时真的没有想到作为全国人大常委会委员和财经委员会委员这样忙碌，而校内的工作也丝毫没有减少。但既然已被赋予全国人大常委会委员和全国人大财经委员会委员的重任，再忙也得把工作做好。我是一个责任心很强的人，校内的教学、行政和研究工作，同样不能放松。那时，我在校内的课很重，有社会主义政治经济学、国民经济管理学、经济发展国际比较（这些是大学生的课程），还有西方经济学流派、国际金融学说史专题、经济史专题（这些是研究生的课程）。

同时被选为第七届全国人大常委会委员的北京大学教授还有朱德熙先生和胡代光先生，胡代光先生还被选为全国人大财经委员会委员。我们三人经常一起坐轿车到人民大会堂开会。和朱德熙先生同坐一辆轿车往返，是我向朱德熙先生请教的好机会。朱先生是著名的语言学家，我向他请教有关唐诗宋词中的音韵难题，学到不少知识，受益良多。不妨举三个例子。一个例子是关于吴语和古诗韵的关系。以前我读古诗词时，经常感到以吴语读诗词是押韵的，但不了解吴语为什么会押韵。经过朱先生的点拨，我才了解到吴语是古代方言，在江南一带早已流行，而南朝的诗作多以吴语朗读，所以非常顺口。后来，我还专门到江苏高淳县（现为高淳区）调查当地方言（古吴语）的特色，很有收获。另一个例子是对入声字的认识。朱先生说，这在粤语中是最清楚的，入声字是带尾音的（如p、t、k）。如粤语中，孙逸仙中的“逸”，是入声字，读yet；石头的“石”是入声字，读shek；角落的“角”是入声字，读kok；等等。后来的北京语，没有带尾音的字，所以也就没有入声字了。第三个例子是：为什么“三”和“山”不同韵？朱先生说，唐宋时代，汉字中有n结尾的字和m结尾的字。“三”字是以m结尾的，读起来是“sam”（三姆）；“山”字以n结尾，读起来是“shan”，当然与“sam”不同韵。又如“林”字，在福建话中还是古音，读起来是“lam”，而不是“lin”或“lan”（“林”或“兰”）。由于两人都坐在小轿车上，一问一答很简快，但朱先生的指点的确给我不少启发。可惜的是，朱先生身体不佳，不久就因病谢世了。

第七届全国人大从1988年3月第一次全体会议到1993年2月第七届全国人大第二十四次常委会会议结束为止，整整五年，经历了很多重大事件。所以人们常说，第七届全国人大这五年是不寻常的五年，令人难以忘怀。

我根据自己当时的工作日记，分成以下四个问题来概括地追述。这四个问题分别是：关于三峡工程的争论、价格闯关的尝试、经济体制改革的不同意见以及对股份制和市场经济的批判、邓小平同志南方谈话的影响和改革开放再度形成高潮。

### （一）关于三峡工程的争论

第七届全国人大第一次会议开幕前，有关三峡工程的利弊得失，以及在当前国家财政如此困难时期是否值得花这么多资金投入这项耗资巨大的水利工程，等等，是有不少不同意见和看法的。所以，第七届全国人大第一次会议开幕后，在全国人大各个组的会议上，争论也就展开了。

我是湖南代表团的成员，而湖南又与长江的洪水泛滥直接有关。沿洞庭湖各县市的城乡居民针对这个问题提出了许多建议。

在湖南代表团的全团大会上和各个分组讨论会上，我仔细听了代表们的意见。总的倾向是：代表们都拥护政府投资兴建三峡工程。一些住在洞庭湖区（如华容、南县、安乡等县）的农民代表无不为每年的江防湖防叫苦不已。他们说，为了堤防，一年四季不得安息。冬天，省里、市里、县里早早就动员农民自带铁锹、扁担、箩筐、被褥、口粮上堤，把堤防修得再高一些，再结实一点，直到春节前才准回家。开春后，如果碰上桃花汛，又要上堤防守，提心吊胆，生怕江水湖水漫过大堤，淹了洼地的民居。夏天，农民不仅要忙于稻田的除草，收割早稻，抢种晚稻，还要担心大汛来临。如果川江及其支流洪水暴涨，一过湖北荆州，湖南洞庭湖区就要遭殃了，怕低洼地的民房被洪水淹没，男的全上堤了，女的、老的、小的都躲到大堤上，在那里住下，做饭吃，并且一有险情，时刻准备撤退到安全的地方。更令人担心的是，如果遇到多年一遇的大洪水，为了保证武汉等沿江工业城市不受损失，荆江分洪，洪水就直灌湖南洞庭湖区一些县乡，农民就会颗粒无收，只能靠政府发救济粮为生。牛是宝贵的，牛不能被冲走，农民牵着家里的牛，住在大堤高处，天天盼着水退，水退后再修补残破的民房。秋收也是能收多少算多少了。秋收完毕，快到冬天了，沿湖各县乡的农民又接到自带铁锹、扁担、箩筐、被褥、口粮修堤的命令，上堤了。年年如此，湖区的农民苦不堪言。

所以湖南代表团在讨论要不要投资修建三峡工程时，会上几乎只听到代表们赞成修建三峡工程的呼声。有的小组还传来农民代表的呼声，说："再不下决心修三峡工程，难道今后年年都这样提心吊胆在湖区过日子，一年四季都挑土修堤？"

在人民大会堂里，其他代表们的反应却不一样。有些代表从经济的角度发表看法，认为要修建三峡工程，川江一段的农田会被淹没，从重庆到湖北宜昌会有大量移民迁移，这将是一件大事，如果缺乏安置措施，将成为今后的一个大麻烦。说这些话的代表并不是反对建三峡，而是认为必须统筹安排，才不致社会动荡。有的代表从另一个角度考虑三峡工程的资金筹集问题。他们认为，三峡工程投资太大，如今改革开放刚开始，经济实力还不足，一旦项目启动了，这样一笔债务怎样偿还？有的代表提出，把三峡工程搁置几年，抓紧时间先建设金沙江以上的规模较小的工程，既可以积累经验，又可以解决长江下游电力供应紧张的问题。这些建议并不是没有道理的。但我在湖南代表团内却一直是赞成三峡工程赶紧上马的。我认为，无论从解除湖南、湖北两省水患的角度看，还是从缓解长江下游电力供应紧张的角度看，三峡工程建设都不宜久拖不决。但要周密安排，有合理可行的融资方案，并妥善地安置移民。三峡工程的兴建已到了该断即断的关头，再拖下去，是白白浪费时间。这就是我当时的立场。

至于另一种反对修建三峡工程的意见，主要来自环境学界的一些专家，他们担心三峡工程的兴建会给这一带的气候带来无法预料的变化。我的看法是：环境学界提出的问题值得研究，但国际上修建大坝的案例值得我们参考和进一步研究，这并不能成为搁置三峡工程的理由。这方面的研究工作要继续进行，不能停顿，但三峡工程不能搁置，否则时机的耽误和前期大量资金的支出岂不是巨大的损失？我私下对一些研究环境问题的友人说：我就不相信修一个大坝会使四川到湖北这一带的气候发生不可预测的变化，还是让今后的时间来检验吧！

三峡工程的建设方案终于由第七届全国人大第五次会议通过了。这是我和许多赞成修建三峡工程的代表深感欣慰的。

### （二）价格闯关的尝试

在1988年第七届全国人大第一次会议上，新一届政府产生，李鹏任总理。李鹏在担任总理后提出要加速推进经济体制改革。大方向，我认为是没有问题的，已经开始将近10年的改革开放不能停步不前，更不能半途而废。问题在于：怎样深化经济体制改革？是把价格改革放在首位，还是把产权改革放在首位？从20世纪80年代起，包括我在内的一批重视产权改革的经济学家，都主张通过产权清晰化和明确投资主体，使国有企业走上股份制道路，从而形成自主经营的市场主体。我们认为这是建立市场经济（当时仍使用商品经济这个概念）的必由之路。

我当时是湖南选区选出的全国人大代表，属于湖南代表团。湖南省的党政领导，如时任省委书记熊清泉、省长陈邦柱、省委组织部部长黄道奇等人在全国人大开会期间和我在一起，朝夕相处。熊清泉同志好几次向我提出："回湖南看看吧，帮家乡出主意，让湖南的经济发展快一些。"陈邦柱同志也说："给湖南省的干部做几场报告，我看这是加快湖南发展的重要条件。干部思想保守，还能改变湖南面貌吗？"盛情难却，我答允放暑假就回湖南走走，因为放暑假前，我在北京大学有课，还有一些研究生要进行论文答辩，实在忙得没有时间。

正值夏初，北京和一些较大城市忽然传开了马上就要放开价格，进行价格改革的流言，于是这些城市掀起了抢购必需品和高档消费品的浪潮。大百货公司里挤满了居民，都在抢购衣料、时装、电视机、电冰箱、电风扇或其他家用电器。金首饰也是居民热购的物品，都说黄金能保值。稍后，连小杂货店也有居民去抢购了，抢购物品包括肥皂、洗衣粉，甚至食盐。居民之间相互告知，把人民币放在家里不买东西，等价格一放开，不是净吃亏吗？

一些学生告诉我，甚至农村也有抢购商品的现象。但学生又说，农民手头没多少现金，所以不会出什么大乱子。

正是在这种情形下，湖南省委和省政府派了三名工作人员专程来北京我家，接我去湖南讲学和考察。那时我住在北京大学中关园宿舍区，我们家有70平方米建筑面积，包括两间卧室和一个小客厅。他们就问："您就只有这三个小房间？"我说："是的，北京大学的宿舍就是这么紧张。"

我们坐火车到了长沙。一了解，抢购之风似乎暂时停息了，据说国务院有领导宣布价格放开是谣传，但有人相信，有人不相信，群众情绪依旧不稳定。我应邀在湖南长沙给省委、省政府机关工作人员讲了两次课。主要观点依然是经济改革的思路，即我一贯主张的要推进股份制改革的思路。我带了四名年轻教师同行，他们是：孙来祥、李其、罗知颂和王跃生。他们上午听我讲课，下午到湖南省委党校学员宿舍回答学员的疑问。时任湖南省委组织部部长的黄道奇同志见这四位年轻教师业务和工作能力都不错，问我能不能将其中两位调到湖南省工作。我说，这不是我能够决定的，因为他们都有家室，愿不愿意调来湖南，需要由他们自己决定。后来听说黄道奇同志找他们谈过，但没有成功。

湖南省委书记熊清泉同志是十分赞成股份制改革的思路的。他对我说："你到湖南各地走走，看看省属国有企业中有没有合适的，选几家作为试点如何？"我说，先考察一两家国有企业，再拟计划吧。但那时条件还不成熟，对股份制改革的争议仍很大，还需要中央先做出决定，股份制改革的试点工作才能够展开。

看来，价格闯关受到群众性抢购风潮的干扰，很难铺开，而股份制改革仍有争议，所以我带着四位年轻教师只好以如何加速地方经济发展作为课题了。

我们先到岳阳市、湘潭市进行考察，再到常德市考察，然后从常德市向湘西进发。这样就回到了抗日战争年代我生活和学习过的沅陵县。沅陵在抗日战争后期是湖南省政府所在地。日军只攻占了常德和桃源，没有跨越雪峰山脉。沅陵是大后方，日本军队未能进入。

在路过桃源县时，我们游览了风景区桃花源。我写了一首《七古·游桃花源》。

## 七古

### 游桃花源

一九八八年

少小熟背王维句，
有幸曾在桃源住。
只住县城未上山，
不知洞口在何处？
今日进山却茫然，
亭阁楼台古树间。
虽有桃花夹溪岸，
溪小水浅怎撑船？
沿溪探寻未见洞，
纵见小洞仅狭缝。
洞中难有天外天，
更无遗民辟家园。
归来恍然有所悟，
陶公遗篇如迷雾。
武陵未必有仙山，
灵境不在凡尘路。
桃花流水一年年，
月儿残缺月又圆。
细雨斜风燕来去，
心宽无处不桃源。

诗中，最末一句“心宽无处不桃源”，是我之后经常赠给友人的诗句。

从桃源往西，逐渐进入山区，汽车穿过沅江大桥，进入阔别37年的沅陵县城。我们下榻于校场坪的宾馆内。校场坪原来是山上的一块平地，过去是枪毙犯人的地方。现在，五强溪水电站即将落成，届时沅江涨水，老城区将被淹没。新城区在校场坪周边的山上，新楼正在兴建中。趁老城区尚未被淹掉，我们一行沿着沅江北岸，走过河街，先到了何玉春家的旧居，又到了太常村我家的旧址，那是抗日战争时期盖起的临时房屋，这么多年过去了，这些房屋都被拆掉了。

沅陵县城在抗日战争时期是相当繁华的。没想到最近这些年因修建五强溪大堤，沅江水涨，沅陵旧城即将被淹没，所以旧城区的居民都往后山上迁移，旧城区的破破烂烂是完全可以理解的。至于沅陵县经济落后，成为国家级的贫困县，则与20世纪60年代以来省、地区、县三级政府不重视发展经济而单纯靠国家拨款救济有关。

离开沅陵县以后，我们一行到了吉首，再由吉首转到张家界。当时张家界是一处新开发的风景区。抗日战争时期，这里是土匪出没的地区，没有人敢到这里来，美丽的风景也不为外人所知晓。我们一行，包括陪我们来湘西考察的湖南省委和省政府的工作人员，过去也不曾来过张家界。

在张家界，我填了一首《浣溪沙》。

**浣溪沙**

张家界

一九八八年

看罢青山旭照红，
诗情原在淡云中，
迎春浅草碧葱葱。

湖海苍茫终有岸，
溪泉涓滴却无穷，
细疏长绕最高峰。

这首词让我把对张家界的印象深深留在心里。词中，“湖海苍茫终有岸，溪泉涓滴却无穷”两句，既是我经常自勉的话，也是我时常赠送给学生的勉励之语。

**（三）经济体制改革的不同意见以及对股份制和市场经济的批判**

1989年春夏之交的政治风波之后，在经济学领域掀起一阵保守的思潮，说得严重些，是一阵想使改革停步的思潮。股份制受到批判，批判者给股份制改革加上了一大堆“帽子”，例如私有化、化公为私、摧毁社会主义经济基础、“辛辛苦苦三十年，一夜回到解放前”等。主张市场经济的论点也同样受到严厉批判，认为这就是要改变社会主义社会的性质，把“有计划的商品经济”改为市场经济是为资本主义的复辟做准备，等等。在北京各个高校中，有关资本市场、产权改革、市场经济导向等课程都停开了。

我的工作单位是北京大学。北京大学的党委书记汪家缪同志和校长吴树青同志不止在一个场合说要继续对改革进行探讨，并且还认为像股份制改革、市场经济导向这些问题可以继续讨论，这些问题上的争论属于学术争论，学校不干预这类学术探讨。

我仍同以前一样，在大教室内为选修我的课程的本科生、研究生和进修教师上课。我的两本著作，都明确地指出股份制是中国经济体制改革的方向，市场经济导向的改革是正确的做法，毋庸置疑。这两本著作：一本是《非均衡的中国经济》，1990年初交稿给经济日报出版社，于1990年8月出版；另一本是《走向繁荣的战略选择》，是我和学生孟晓苏、李源潮、李克强合写的，1991年初交稿给经济日报出版社，于1991年8月出版。这两本书的出版都在1992年初邓小平同志南方谈话发表以前。由此可以了解到北京大学始终是把学术问题同政治问题分开的，学术问题上的争论一直是校方不先做决定，研究者可以自由讨论。后来有人对我说："你真幸运，没有因此而遭封杀。"我说，多亏北京大学来了新的党委书记和新的校长，否则就很难说了。

1990年，我60岁。我填了两首词，聊以纪念我的60岁生日。

一首是《浣溪沙》。

**浣溪沙**

六十自述

一九九〇年

落叶满坡古道迷，
山风萧瑟暗云低，
马儿探路未停蹄。

几度险情终不悔，
一番求索志难移，
此身甘愿作人梯。

词后有一小注："这时，作者提出的股份制改革的主张，正遭到一些人的批判。"

另一首词是《太常引》。

**太常引**

无题

一九九〇年

明几斗室小轩窗，
盆菊一枝黄，
灯下写文章。
倍觉是、清秋夜长。

前人功过，
史书难信，
掷笔起彷徨。
惊起鹊飞翔，
早冲出、重重院墙。

**（四）邓小平同志南方谈话的影响和改革开放再度形成高潮**

1992年初邓小平南方谈话是改变了当代中国历史进程的一件大事。1989年春夏之交的那场政治风波以后，中国的改革开放事业暂时被搁置一边，如果不是这次邓小平到南方考察并发表谈话，中国的市场经济改革或许还会耽搁若干年。幸运的是，在邓小平这次南方考察和谈话精神的推动下，中国的改革开放步伐大大加快了。

回顾这段历史，我的内心难以平静。我是1992年1月底得到这个信息的。在1992年1月27日、30日举行的两次北京经济学家高层座谈会上，邓小平南方谈话的一些要点已经悄然传开了。与会者都感到说不出来的兴奋，似乎改革的春天已经临近。那年春节是2月4日。春节前两天，我接到中共广东省委和中共深圳市委的电话邀请，他们希望我到广州、珠海、深圳去做有关改革的学术报告。我欣然应允，2月8日（年初五）就南下了。我先到珠海，再去广州，然后到深圳。短短12天，我连续做了4场报告：珠海1场，广州2场（中共广东省委1场，中共广州市委1场），深圳1场。此外，还在佛山、中山举行了两次以企业家为主的座谈会。我做报告和在企业家座谈会上讲话的内容，都是如何推进经济体制改革，如何走向市场经济，以及如何实现国有企业、集体企业、民营企业的股份制改革。

来听报告和参加座谈会的人很多。会场挤不进去，加了不少凳子，还有站着听的，坐在地上听的。我体会到，改革开放已深入人心，民间蕴藏着改革开放的极大积极性。关键在于邓小平同志的登高一呼，民间的积极性就迅速地被调动了起来。治理中国，发展中国，强大中国，不依靠民间力量是不可能成功的。从这时起，许多人都预料到一个新的改革开放高潮即将摆在大家面前。大家牢记着邓小平在南方谈话中的一些警句："革命是解放生产力，改革也是解放生产力。""不坚持社会主义，不改革开放，不发展经济，不改善人民生活，只能是死路一条。"这两句至理名言，一下子就在全国流传开了。

又过了7个多月，1992年10月，中共十四大开幕。十四大最大的成绩是：确定中国经济体制改革的目标是建立社会主义市场经济体制。这样，就对1978年12月召开的中共十一届三中全会开始的经济体制改革的目标问题作了一个科学的、权威性的解答。

在1992年春节后去广东讲学和考察期间，我填了一首《相见欢》。

## 相见欢

## 在广东佛山、顺德、中山过春节

一九九二年

驱车直下珠江，
细思量，
何故这边常绿那边黄？

创业绩，
人尽力，
任飞翔，
难怪这厢温暖那厢凉！

# 第二章

## 晚风低诉旧时情

——20世纪90年代前期湖南、河南考察记

# 一

湖南是我的第二故乡，又是我作为第七届、第八届、第九届全国人大代表的选区。1988年夏天我应中共湖南省委和湖南省政府的邀请前去讲学，然后专门到抗日战争期间的后方湘西沅陵、吉首、古丈、永顺和张家界进行了考察。回到长沙后，省委书记熊清泉同志问我有什么办法可以让湘西早日脱贫致富。我回答得很干脆：明确产权，走股份制改革之路。熊清泉同志笑了，他说他是同意在湖南加快股份制改革的，但中央的态度还不明确，反对搞股份制改革的声音还很大，他们不可能大张旗鼓地推进股份制，只能小打小闹。我也笑了。事实的确如此。

1989年10月中旬，我带了全国人大财政经济委员会的一些工作人员到湖南进行调研，主题是环境保护。在长沙，我又见到省委书记熊清泉同志和省人大常委会副主任黄道奇同志（原是省委组织部部长，后调到省人大工作）。他们很关心改革的进展，我说："中央十一届三中全会的决议是不会改变的，改革的大方向无法扭转，再等等吧。"在湖南调研期间，我重点考察了株洲和湘乡的环境污染状况和地方政府所采取的对策。我在调研报告中写道：20世纪80年代中期，株洲和湘乡两地的环境污染比较严重，主要原因在于环保措施落后，工业废水流入湘江或其支流，土壤受工业污染严重，生长出来的庄稼和蔬菜不符合标准，饮用湘江水的居民也有中毒现象。1988年以后，湖南省环境保护部门听取人民意见，开始注意这一问题，情况稍有好转，但与环保目标还有一定距离，需要加大力度进行治理。熊清泉和黄道奇两位同志问我："你怎么对环境保护有这么大的积极性？"我说，1988年宋健同志担任国务院环境保护委员会主任，他聘我为该委员会的顾问，这样，我就分出一些时间和精力去研究环境保护问题了。

1989年10月的湘中之行，我留下了一首七绝和一首《调笑令》，以作为纪念。

### 七绝

### 又到长沙，住蓉园

一九八九年

去去来来又一年，
草衰叶落小楼前。
春光不把蓉园恋，
听罢秋声听雨眠。

### 调笑令

### 湘中山村所见

一九八九年

秋尽，
秋尽，

秋过小溪无影。
邻村情侣相邀，
无奈激流断桥。
桥断，
桥断，
对唱山歌两岸。

词后有一小注：这首词作于湘乡。

1992年邓小平同志南方谈话公开发表以后，改革开放成为全国上下共同的主题。在全国人大会议期间，熊清泉书记和陈邦柱省长在湖南代表团住所找到我，要我从自己的学生中推荐一个能干的而且懂得证券市场的人到湖南工作，帮助湖南推进股份制改革。我当时就笑了，对他们说："你们省里就有现成的人才可以用！何必到北京来找人！"他们诧异地问我："是谁？"我说："是北京大学经济系1978年入校的学生黄湘平。"我接着说："他是湖南平江人，毕业后就回湖南工作，在湖南省人大法工委工作，是个处级干部，你们不妨考察一下。"熊清泉和陈邦柱一听我的介绍，马上就说："我们怎么把黄湘平忘了呢？"但两人又说："黄湘平在省人大工作很出色，就怕省人大常委会副主任黄道奇同志不肯放人。"他们接着对我说："感谢你向我们推荐了黄湘平，既然他已经在湖南省人大工作了，解决问题就简单多了，一切走程序吧！"几个月后，黄湘平就调到了省政府，负责湖南省的企业上市事务。

1992年暑假期间，湖南省委和湖南省政府再次请我到湖南一些市县进行考察，重点是了解湖南一些著名企业股份制改革的进展情况，为他们出主意、想办法。也就是说，这次湖南考察与1988年那次考察的一个显著区别是：1988年主要是同地方市县干部交流，解除他们对股份制改革的顾虑，而这次考察是在邓小平南方谈话之后，主要是考察一些著名企业，看看它们在哪些方面需要完善，以便符合上市标准。这次考察的路线也与1988年不同，1988年是先到常德，再去沅陵、吉首、古丈、永顺，最后到张家界，而这一次是先从长沙去株洲，再去湘潭、娄底、新化、怀化、洪江、沅陵、常德，最后由长沙回北京。这一次时间较长，7月18日离京，8月6日回到北京，历时20天。黄湘平这时已由省人大调入省政府工作，他全程陪着我们。另一个与1988年那次考察不同的是，1988年没有到企业进行调研，而这次则考察了一些准备上市的企业或有计划在较近的时间内上市的企业。

在对企业的考察过程中，我了解到的一个普遍情况是，这些企业的领导人一般只把改制为股份制和争取早日上市的目的定在迅速融资、大量融资方面，而很少考虑如何转变企业运行机制、如何通过法人治理结构的建立和完善使企业的效益大大提高。我一再向企业领导人说明，改制为股份制，应当把重点放在企业运行机制方面，融资当然重要，但不能一心只看重融资，发行溢价越多越好，如果那样的话，上市以后不可能一帆风顺地走上企业振兴之路。

我在考察企业的过程中，多次向陪同我考察的地方政府工作人员说，在企业上市前，一定要对企业领导人进行严格的培训，培训的重点应当为以下三方面：

第一，要学习现行的法律、法规和规章制度，不能越过底线，包括法律底线和道德底线。道德底线是指以诚信为本，不做任何有损于诚信的事，否则会引发投资人的疑虑，对企业的名声造成重大损失，不利于企业在市场上立足。

第二，要熟悉上市公司的一套会计制度，在会计制度方面一定要真实，经得起公示，经得起查询。企业领导人如果对上市公司的会计制度不熟悉，误以为这只是会计们才关心的事情，那就大错特错了。企业领导人通过对本企业会计工作的了解，做到心中有数，谨慎行事，有利于企业在上市后稳步前进。

第三，怎样使用企业上市后融到的一大笔资金，是又一个重要问题。企业领导人必须按照招股说明书去运作。这在某些已经上市的企业那里已经暴露出问题，即认为融到的资金就归企业支配，哪些领域有钱可赚就投向哪里，不按照上市前的承诺去做，结果没有不陷入困境的。要知道，不按照招股说明书上的承诺，企业领导人自行其是，则投资很可能失败，那时该怎么向投资人交代？

我对所考察的准备上市公司的负责人说，案例教学一直是世界上各个著名大学的工商管理学院所重视的，从成功或失败的案例中可以汲取大量有益的知识。先不说国外的案例，单单最近几年国内的上市公司，就有不少经验教训可以汲取。而且，案例不是单纯阅读的，一定要组织讨论，从讨论中可以了解到许多书本上学不到的东西。

# 二

1992年暑期我们一行在湖南进行的考察，所走的路线都是我在抗日战争时期经过的或留下深刻印象的城镇和农村。历史是不能被遗忘的。一路上，我留下了一些诗词，我觉得，往事很值得留恋，特别应该让孙子一辈以后读读这些诗词，让他们了解祖父一辈抗日战争期间逃难的艰难岁月。



## 南乡子

### 湖南涟源至冷水滩途中

一九九二年

远处雾茫茫，
农户新楼粉色墙。
山影几重溪水碧，
流长，
西去潺潺伴夕阳。

荷叶满池塘，
三两村童捕蝉忙。
大路尽头杨柳岸，
飘香，
叫卖声声玉米黄。

从冷水滩向西再折向西南，雪峰山挡在前面，就像一排屏风挡在路中，公路还是抗日战争时期修成的。我们在雪峰山东侧的龙潭镇休息了一下，在农家吃了午餐。龙潭镇，1945年春湘西会战的战场之一。我那时正在沅陵读初中，距离湘西会战主战场不过一百多公里。国军英勇抗敌，取得胜利，日寇企图侵占湘西的计划落空了。记得捷报传到沅陵之时，老百姓都在街头聚集，放鞭炮庆祝。

**木兰花**

**雪峰山下龙潭镇，1945年春湘西会战歼敌处**

一九九二年

青松云海峰峦叠，
记得当年鏖战捷。
军刀飞舞敌心寒，
鼓角震天山欲裂。

草丛遍洒英雄血，
寄语宝岛情切切。
老兵何不速归来，
墙上弹痕犹未灭。

汽车翻过雪峰山就是怀化地区。抗日战争时期，母亲领着我们几个孩子逃难到湘南时，坐长途客车翻越雪峰山后，到沅江边上的安江镇换上木船，顺沅水而下，到达沅陵。当时还没有怀化市，记得那时是一个小镇，名叫榆树湾。而现在（1992年），怀化市不仅建成了，还是地委和专署所在地。记得抗战时，沅陵是专署所在地，自从怀化设立专署后，沅陵就划归怀化专署管辖了。

在怀化市住下，我们一行特地到芷江参观。在芷江，抗战胜利受降纪念牌坊值得一看。

### 七律

湖南芷江抗战胜利受降纪念牌坊

一九九二年

今日有缘返故城，
当年情景又重生。
路人相遇传佳讯，
陋巷通宵爆竹声。
游子漫吟工部句，
乡亲难禁泪珠横。
休谈往事随风去，
血字牌坊血砌成。

诗后有一小注：1945年8月日本宣布无条件投降之日，作者正在沅陵。当时的狂欢情景，至今尚在脑海之中。芷江抗战胜利受降纪念牌坊，外形像一“血”字。

从芷江出发，我们去了洪江。途中经过黔城，这是唐朝诗人王昌龄贬官之地，唐朝黔城名龙标。王昌龄七绝《芙蓉楼送辛渐》如下："寒雨连江夜入吴，平明送客楚山孤。洛阳亲友如相问，一片冰心在玉壶。"如今的芙蓉楼已重修。王昌龄擅长七绝，我从少年起，就爱读王昌龄的诗。

在芙蓉楼上，我题了一首《菩萨蛮》。

**菩萨蛮**

湖南黔城芙蓉楼，楼前有碑，上刻王昌龄诗

一九九二年

芙蓉楼外春来早，
芙蓉楼下多芳草。
不信楚山孤，
长吟醉玉壶。

东流沅水急，
两岸崖如壁。
随处有知音，
念君一片心。

从怀化市到沅陵走的是湘黔公路和川湘公路，这两条公路都是抗战期间民工修建的，我曾坐长途客车经过几次，现在重新走这两条公路，路面拓宽了，也铺上了柏油。从怀化市到三角坪走的是湘黔公路，从三角坪到沅陵走的是川湘公路。在湘黔公路段，我们经过辰溪县，停车参观了市容。当年，城内全是石板路的小街小巷，根本行驶不了汽车。现在不仅盖了一些高楼，而且有了宽阔的柏油马路，汽车在大街上行驶。在沅江边上，我向江中望去，有小轮船停泊和航行，这与我们家逃难时坐小木船顺沅江而下已不可同日而语。

在辰溪县我填了一首《菩萨蛮》。

**菩萨蛮**

循湘黔公路和川湘公路到沅陵

一九九二年

回乡犹走当年路，
因何不见当年树？
老树旧人栽，
新人伐树来。

山区修路累，
洒满前人泪。
险阻早开通，
谁怀筑路工？

很凑巧，我的二弟厉以京夫妇正在张家界游览，他们知道我和妻子何玉春要从怀化市去沅陵，就与我们约定在沅陵相聚。以京此时任华南理工大学工商管理学院院长，家住广州。兄弟二人能在沅陵相聚，是很难得的。

在沅陵，我特地填了一首《江城子》。

## 江城子

### 再回沅陵城

（五强溪水电站建成后，沅陵城将被淹没，以京弟约我同返湘西）

一九九二年

山城一别几多秋，
少年游，梦中留。
为觅旧踪，相约返辰州。
漫步长街河岸去，
春尚在，柳枝头。

瞬间高坝截江流，
水悠悠，好行舟。
淹没关厢，岭上有芳洲。
昔日繁华将再现，
云起处，尽新楼。

在沅陵期间，沿沅江支流西水而上，走的是永顺古道。永顺古道在西水左岸修建，路是石板铺成的，只能两人并行，途中每隔不远就有一座茶亭，有农民在亭旁砌一炉灶，卖茶和一些土特产，茶亭供来往行人休息。我在沅陵读初中时就曾经永顺古道由城区赴学校，据说当年被贬到永顺、保靖、古丈、龙山等地的官员也都必须经过这条永顺古道。

在茶亭休息时，我填了一首《渔歌子》。

## 渔歌子

### 沅陵永顺古道上茶亭

一九九二年

古道桥头歇脚亭，
贬官当日带愁行。
溪水急，
草山青，
晚风低诉旧时情。

循永顺古道再往西北方向走去，到了沅陵乌宿。乌宿属沅陵二酉苗族自治乡，这里居住着许多苗族同胞。乌宿是乡政府所在地，是一个小集镇，有青石板铺成的街道，街旁有一些小店铺出售苗族服饰。二酉是酉水右岸一座山的山名，“二酉藏书洞”是当地的名胜古迹。据传，秦始皇焚书坑儒，当时有识之士为保存古籍，将大批竹简藏在二酉山顶的洞穴内，躲过一劫。时间久了，竹简虽然保存了下来，但已粘在一起，字迹也难以辨认，“二酉藏书”一词一直流传至今。

在沅陵乌宿，我写了一首《七绝·沅陵乌宿》。

**七绝**

**沉陵乌宿**

一九九二年

摆渡小舟泊浅沙，
石街两侧旧人家。
依稀犹记当年路，
只是油桐落尽花。

这首诗后来被收进了《厉以宁诗词选集》，由商务印书馆于2008年出版。在《厉以宁诗词选集》中，这首七绝的后面，我加了一个小注："作者在沅陵读初中，春假时来过乌宿（1944年），至此（1992年）已经48年。2005年，作者夫妇和家人在此捐建了一座九年制寄宿学校，名宗琳学校（厉以宁的母亲名袁是琳，何玉春的母亲名刘宗英，从两位老人的名字中各取一字，作为学校的名称）。"

离开沅陵乌宿后，我们经常德、长沙就回北京了。在长沙，我同熊清泉、黄道奇和刘正三位老友做了详谈。我的建议是，湖南的股份制改革已经启动，地方政府和企业的积极性都很高，这是好事。今后，应当稳步推开，不要贪图多上、快上。应当牢记一句话：水到渠成。只图快不会给湖南带来实际利益。

## 三

1993年5月2日，宋健同志作为国务院环境保护委员会主任，在杭州西湖国宾馆召开环境保护会议，会务组通知我出席，因为我仍然担任国务院环境保护委员会顾问一职。同时，在新建立的中国环境与发展国际合作委员会中，我被任命为中方委员兼环境经济工作组组长。环境经济工作组原来的名称是资源核算与价格政策专家工作组，我担任中方组长，外方组长是世界银行专家、英国的沃尔福德（J. Warford）教授。这是中国环境与发展国际合作委员会下属的六个工作组之一，也是唯一的一个社会科学方面的工作组。后来，名称才改为环境经济工作组。

资源核算与价格政策专家工作组（环境经济工作组）的中方专家有王恩涌、陈良焜、王其文、李金昌、雷明、张世秋、章铮、武亚军、崔成、刘少成、宇文新、任勇、王新、冯东方等教授、副教授。在国内，这支研究队伍相当强大。外方专家有来自美国的斯波福德（W. Spofford）和帕纳约托（T. Panayotou）教授，来自挪威的汉森（S. Hansen）教授。

资源核算与价格政策专家工作组所研究的领域较多，大体包括以下项目：

（1）中国水资源定价与价格政策。

①长期缺水区水资源定价。

②北京水资源定价。

③丰水区水资源定价。

（2）中国煤炭资源定价与价格政策。

①煤炭资源开采的机会成本及原煤定价。

②大同矿务局坑口原煤的资源定价。

③中国煤炭定价的政策。

（3）中国原木定价与价格政策。

①原木定价的案例研究。

②中国木材生产价格政策。

③中国木材生产的宏观政策建议。

（4）中国城市交通工具结构的优化战略和定价政策。

①各种城市交通工具运输的边际机会成本研究。

②城市中各种交通工具的发展方向。

③影响成本—效益的主要因素和解决方式。

④调控人们交通需求的经济手段和相关政策。

⑤深圳特区各种交通工具的边际机会成本和发展方向的案例分析。

（5）资源—经济一体化核算研究。

①中国国民经济核算实践。

②资源—经济账户核算。

③资源—经济投入产出核算。

④基于存量核算思考的进一步研究。

以上这些研究花了我们这个工作组大约5年的时间。最终成果是《中国自然资源定价研究》一书，由中国环境科学出版社于1997年12月出版（中国环境与发展国际合作委员会编）。

# 四

参加中国环境与发展国际合作委员会，担任中方委员，并兼任资源核算与价格政策专家工作组（后改名为环境经济工作组）中方组长一职，进行课题研究，的确占用了我不少时间。但我认为：第一，环境保护、环境治理和资源合理使用确实是一个关系国计民生的重要课题，也是关系我国能否走上可持续发展道路的头等大事，所以我作为一名经济学家是责无旁贷的。第二，承担这一课题的主力是北京大学社会科学和自然科学的相关专业学院，我们既然承担了这一课题，就一定要把研究工作做好，为学校争光。第三，环境保护、环境治理和资源合理使用对我来说，是新研究领域、新课题，从而也是学习机会。我这时仍担任着北京大学管理科学中心主任，陈良焜教授、王恩涌教授仍兼任北京大学管理科学中心副主任，我们将一起组织北京大学管理科学中心的研究生参与环境经济学的学习和研究。这样，我从1993年起就把环境经济学作为除证券法起草之外的又一项重点科研任务。好在北京大学工商管理学院的年轻教师雷明、章铮、武亚军都是我的学生，我准备让他们在环境经济学领域内，在个人深入钻研的基础上，成为这方面的专家。他们果然不负众望，在环境经济学领域做出了成绩。

环境经济学的研究不仅需要安下心来，踏踏实实地收集数据，而且需要到全国各地去调研、考察。好在调研、考察

2012年8月，厉以宁在陕西安康调研。

的经费是由中国环境与发展国际合作委员会提供的，在各地召开环境经济讨论会的费用也有着落，所以研究工作的开展比较顺利。

1994年，我和同事们首先在河南省考察了黄泛区的生态状况。黄泛区的名称来自抗日战争时期。1938年5月，徐州被国军放弃，国军退守河南。日军占领徐州后，分兵进入河南境内，国军无险可守，形势危急。6月1日，蒋介石在武汉召开最高军事会议，秘密决定炸开黄河大堤，阻止日军西进和南进。原定6月4日在河南中牟县境内掘堤，当天午夜放水，但掘了三天三夜仍水流不畅，挡不住日军攻势。6月5日，日军攻占开封。于是国军改在花园口炸堤，决口长达370米，导致黄河水夺堤而出，洪水淹没了豫东17个县，数十万居民成为浮尸，140万灾民无家可归。黄河水淹之土地日后被称为黄泛区。

从1938年到1994年56年过去了，黄泛区始终没有恢复水淹前的状况。我们由郑州到开封，再由开封南下，经尉氏、鄢陵、扶沟、西华抵达周口市，一路上看到的村庄仍是破破烂烂的，小集镇也很萧条。主要原因是这一带是农业区，而农业区的繁盛首先归因于土壤肥沃和水源充足，但这一带都是黄泛区。地面覆盖了当年水淹时留下的荒沙，土地贫瘠，庄稼长不好，且这一带严重缺水，水利灌溉工程远远满足不了实际需要，再加上农村劳动力不足。为什么农村劳动力不足呢？据当地人告知，因为农业收成不好，农民穷困，无法维持生活，只得外出务工。农民没有技术，外出打工只能凭

历以宁在黄泛区调研。

体力挣钱，当粗工、搬运工，在建筑工地上干体力活，收入低，但即使如此，也比在农村好些。

考察以后，我们感到黄泛区的振兴的确是一个重要的研究课题。在同周口市干部座谈，以及回到郑州向河南省农委汇报时，我提出了三条建议：

第一，黄泛区原来就有国有农场的设置，但一方面体制还不顺，另一方面经费不足，所以要振兴黄泛区经济，首先黄泛区国有农场的体制需要改革，这样既可以调动当地农民的积极性，又有助于把社会上的资本引入黄泛区进行建设。至于什么样的体制适合黄泛区，我建议采取股份制方式，政企分开，让农民成为股东之一，即把股份合作形式移植到黄泛区来。否则，像目前这样，农村中的农民同黄泛区国有农场是不和谐的，农民总把国有农场看成“异己的机构”，动不动就说：“你们耕的农田原来不就是我们的土地吗？”这种不和谐的情绪是不利于黄泛区振兴的。

第二，一定要重视黄泛区的水利灌溉工程建设，经费要充足，要让黄泛区的广大农民认识到这可以使国有农场和广大农民都从中受益。由于我本人是经济学家，对于如何建设水利灌溉工程没有什么发言权，但我设想，如果用股份制形式来建立一个水利灌溉公司，使它的投资主体明确，股权明晰，让农民以劳力入股，享受分红或水价折扣，是不是更有效？况且，这也是促进黄泛区国有农场同广大农民走向和谐、融洽的一项措施。

第三，从长远来看，黄泛区应当把生态建设放在首位。如今黄泛区农民不愿意务农是有原因的。土壤这么贫瘠，农民收入低，为了增产，多用化肥，但化肥使用多了，土壤质量不就更坏了吗？农民收入少就纷纷外出打工，而且以打粗工为主，这样下去，农村建设靠谁？留在村里的，无非就是老人、妇女和孩子了。有些妇女也外出打工了，孩子迟早也会出去，这样，农村不就成了老人村了吗？可见，要振兴黄泛区，生态建设是本，而生态建设既需要资金，又需要技术。这都是河南省政府要统筹安排的问题。

## 五

到黄泛区考察前，我们先到了开封。郑州和开封之间，汽车在中牟县官渡之战遗址停了下来。陪伴我们的郑州市政府工作人员向我们介绍说，东汉末年袁绍盘踞河北、山西，势力很大，兵多将广，再加上袁绍四世三公，门生故旧遍天下，而曹操兵少，两军隔黄河对峙，曹军处于劣势。但官渡一战，曹操以弱胜强，把袁绍击败。袁绍退守冀州，从此难以恢复元气，最后为曹操所灭。

我们下汽车观看，从地势上看，官渡之战遗址没有什么特色。但袁绍之败，看来是必然的，因为史书记载，袁绍好谋无断，多疑偏信，必败无疑。

为此，我填了一首《秋波媚》。

**秋波媚**

官渡之战遗址

一九九四年

挥师南下气如虹，
朝野震惊中。
袁家声势，
门生故旧，
四世三公。

人和既失犹言战，
霸业必成空。
好谋无断，
多疑偏信，
能不途穷？

到了开封，在北宋遗址参观后，有感于亡国之君宋徽宗的生平和下场，不禁又填了一首《踏莎行》。

**踏莎行**

河南开封怀古

一九九四年

歌舞青楼，
花灯闹市，

坊间笔走龙蛇字。
易装巡幸自风流，
满朝谁问出燕事？

塞草荒沙，
恍然隔世，
囚车受辱千秋址。
观天坐井悔无穷，
当初何不疆场死？



世界上最不可救的事情就是权力加无知。作为大宋皇帝，宋徽宗的权力已是最大，真是一言九鼎，为所欲为。但权力无限，再加上个人无知，那就什么样的荒唐事，都做得出来。无知不等于没有学问。宋徽宗书法好，画也画得不错，还会填词，宋词选集经常选入宋徽宗的那首《燕山亭·北行见杏花》。但他却是最无知的人。他任用奸人高俅、童贯自不必说，就拿一件小事也足以说明他的无知。宋徽宗属狗，所以他当了皇帝后，下令全国不准屠狗和吃狗肉。中国老百姓自古以来就有吃狗肉的饮食习惯，宋徽宗属狗就不让百姓吃狗肉，老百姓岂不骂死他？但有什么办法呢？他是皇帝嘛！北宋终于在他手中灭亡了。

被俘的两位北宋皇帝，一个是宋徽宗，他已退位，被俘时是太上皇，另一个是他的儿子宋钦宗。宋钦宗当上皇帝不久，两人同被押送到金国境内，囚禁于距今黑龙江省哈尔滨市不远的一座房屋内，周围都是山，关押宋徽宗、宋钦宗两位皇帝的房屋在山间的一块平地上，这就是“坐井观天”。

# 第三章

## 红楼旧影，未名新曲，桃李满园栽

——北京大学光华管理学院的建立

# 三

1993年，经过一段时间的筹备，北京大学经济学院经济管理系和北京大学管理科学中心合并，成立了北京大学工商管理学院。时隔不久，在学校的布置下，开始了北京大学光华管理学院的筹建。

台湾企业家尹衍樑先生曾来北京大学多次，有意支持北京大学的工商管理学科建设。与尹衍樑先生的磋商，由北京大学校长吴树青和副校长罗豪才出面。校方的意思是：先由校方同尹衍樑先生谈，等到有一定进展后，工商管理学院才加入谈判。于是我们就静候消息。

到了1994年9月初，北京大学校方同尹衍樑先生基本取得了一致意见，达成以下几点共识：

第一，北京大学工商管理学院改名为北京大学光华管理学院，仍是北京大学下面的二级学院，院长仍由厉以宁担任，院长、副院长和党委书记、副书记均同过去一样，由北京大学党委和校领导任命。

第二，北京大学光华管理学院接受香港光华教育基金会的赞助，在北京大学校园内兴建一座教学和办公大楼，大楼将在1997年落成。此外，在香港光华教育基金会的赞助下，在北京大学校园内的学生住宿区兴建一座学生宿舍，学生宿舍由光华管理学院使用。

第三，香港光华教育基金会聘请境外著名大学的工商管

1997年5月，厉以宁在北京大学做学术报告（讲桌前面都坐满了学生）。

理学科、会计学科、市场营销学科、金融学科等方面的专家来光华管理学院授课，来回路费和薪酬均由香港光华基金会支付。

第四，光华管理学院的实验室设备需要更新，在兴建光华管理学院教学和办公大楼时一并考虑实验室新设备的添置和安装问题，费用由香港光华教育基金会提供。

第五，北京大学工商管理学院编制内的在职教师分期分批去美国等国的著名大学进修，每人大约半年，来回路费和国外生活费用由香港光华教育基金会支付。

第六，考虑到国内教师的工资水平较低，而教师的住房问题较为紧张，因此在最近几年内，由香港光华教育基金会给光华管理学院在职教师、职员、实验室工作人员发放生活津贴（一直持续到北京大学教职员工住房条件改善为止）。

第七，成立北京大学光华管理学院董事会，尹衍樑先生任董事长，董事有北京大学光华管理学院教授、台湾著名大学教授等人。董事会对北京大学光华管理学院的教学和行政工作进行咨询，并协助解决疑难问题。

2000年11月，厉以宁在北京大学。

于是，1994年9月18日下午，在北京西单附近的四川饭店举行了成立北京大学光华管理学院的正式签字仪式，校长吴树青和香港光华教育基金会尹衍樑代表合作双方签字。

1994年11月14日，教育部正式批准成立北京大学光华管理学院。

## 二

光华管理学院成立后，最迫切需要解决的是兴建光华管理学院教学和办公大楼——如何选址，如何设计，如何破土动工。

当时我和何玉春二人刚好接到美国旧金山市商会的邀请，请我们在旧金山市商会做有关中国经济改革进展情况的报告。我与北京大学校方和光华管理学院院方联系好后，和何玉春提前一周多到旧金山，等我在商会做完报告后，光华管理学院大楼建筑的考察团再去美国，这样我们就可以在旧金山会合。

在旧金山，邀请方原先为我们夫妇安排了假日酒店住宿，但我的学生时楠认为住在她家里更方便些，而且饭菜可口，于是我们就搬到时楠家里去住，她的房子很宽敞。她有两个孩子，一儿一女，儿子念小学，女儿在幼儿园，时楠的先生也是我的学生，在香港工作，时楠的母亲则被接到旧金山来，帮忙带两个小孩。我在旧金山做完学术报告后，还剩下三天时间，时楠陪我们乘飞机到拉斯韦加斯这个旅游城市去玩。这是我第一次到美国，何玉春则是第二次了，因为两年前她同北京大学基建研究所的同事一起为北京大学考古博物馆的设计来过美国考察，当时他们一行主要是在华盛顿、纽约等地，旧金山和拉斯韦加斯她也没有来过。

感谢时楠一家的热情款待。我们从拉斯韦加斯坐飞机返回旧金山后的第三天，北京大学光华管理学院建筑设计人员也来到旧金山，我和何玉春辞别了时楠一家，搬进旅馆同北京大学的人员住到一起，学院大楼的考察任务正式开始。

北京大学光华管理学院建筑设计考察组成员不仅有北京大学教职工，还有北京市建筑设计院派出的建筑设计专家。北京大学建筑设计研究所派出了不同专业的专家，包括建筑、结构、给排水、电气等方面的专家。北京大学光华管理学院派出了教授和实验室负责人。尹衍樑先生也派了他自己企业的管理人员，他们常到美国，对美国的情况相当熟悉。他们还负责后勤工作，包括安排我们这一行的住宿饮食、费用结算，而且每到一个城市就先租好汽车，一路上都是他们驾驶，既方便又安全。考察时间一共半个月，大家相处得十分融洽。

# 三

我们这次在美国西海岸和东海岸几个城市进行了考察。在西海岸考察的城市有三个，一是旧金山，二是洛杉矶，三是圣地亚哥，所考察的学校有旧金山大学、加州大学伯克利分校、斯坦福大学、圣地亚哥大学、加州大学洛杉矶分校、南加州大学。在东海岸考察的城市也是三个，一是波士顿，二是哈特福德，三是纽约，所考察的学校有哈佛大学、麻省理工学院、哥伦比亚大学、纽约大学，还考察了安泰保险公司培训基地。西海岸和东海岸两处加起来，我们一共考察了十所大学及一个培训基地。

在途中，我同参加考察的一行人员谈了三点建议。

第一，设计出来的光华管理学院教学和办公大楼要能体现20世纪90年代的新面貌。比如说，实验室的设备要新，每个教师的工作室要符合新时期的要求，要给在工作室工作的教师摆上一张长沙发以作为午休之用，工作室内的电脑、电话设备应齐全。

第二，光华管理学院教学和办公大楼所选择的地址正是北京大学的中心区：南面，是电教大楼；东面，正在兴建新教学楼；北面，是老文史楼；西北面，是学校图书馆。因此，从建筑物布局来看，新建成的光华管理学院教学和办公大楼必定是来北京大学学习、参观、做客的人经常路过和注目的建筑物，我们要把这座大楼盖得壮观些，有气派些，否则会终身遗憾。

第三，还是要把安全放在重要位置。这座新建的教学和办公大楼，每天从早到晚肯定都会人员满满。教师们有课的时候，会来这里授课；没有课的时候，会在图书资料室看书借书和查阅资料，或者回到自己的工作室写文章、改习题、批改学生作业。一个大教室可以容纳二三百人，全楼可能有好几个这样大的教室。教学和办公大楼内还有一些较小的教室，每间小教室可容纳50人左右。另有讨论室，能容纳20~30人，这是为研究生安排的。因此，一定要保证安全，不能出现电梯故障、水管破裂、楼梯拥挤或墙壁裂缝等现象。此外，电气设备也一定要保证安全，不能为了外表好看而华而不实，发生安全事故。

厉以宁与北京大学光华管理学院的学生讨论问题。

以上三点建议，得到建筑设计同志的赞成，他们都认为一定要把光华管理学院教学和办公大楼当作样板来设计。

从旧金山大学考察开始，我们在美国西海岸城市和东海岸城市一些著名大学校园的考察中，就一直在讨论和评议什么是20世纪90年代的新建筑风格和新审美观点。虽然大家并没有得出有文字记录的集体意见，但无论如何，所有这次到美国来考察的同志都是有信心的，都认为回国后一定可以让设计工作“三满意”。这里所说的“三满意”是指：让使用者满意，让观光者满意，让捐赠者尹衍樑先生和光华教育基金会满意。

## 四

当然，参加这次美国考察的光华管理学院的教师必须抽一些时间来了解和学习美国著名大学的商学院或管理学院是怎样向本科生和研究生授课的。20世纪80年代，中国的商学院或管理学院刚刚起步，90年代初MBA（工商管理硕士）才开始招生，EMBA（高级管理人员工商管理硕士）还没有启动。北京大学工商管理学院是1993年才建立的，1994年转为光华管理学院，所以美国著名大学如何培养商学院或管理学院的本科生、研究生、MBA和EMBA，都有可供我们学习之处。这次美国考察是一个绝好的机会，可以同时向美国著名大学的同行们学习商学院或管理学院的教学经验。

经过与美国著名大学同行们的多次交谈，我们认为美国著名大学的商学院或管理学院在人才培养方面确有不少值得我们学习和借鉴的经验。归结起来，共有以下四个方面。

第一，基础知识的学习很重要，每一个商学院或管理学院的大学生都必须经过严格的高等数学、统计学、会计学和经济计量学的训练和考试。如果这几门基础性课程未能通过考试，就得补考或重修。美国的教授反映，如果学生基础不扎实，连工作都找不到，更不必说读研究生了。

第二，案例教学的分量很重。美国每个著名大学多年以来都建立了自己的案例，而且还不断剔除一些陈旧过时的案例，补充新的案例。大学生、研究生在上案例课时，死记硬背是不管用的，每个学生都要有自己写作的心得体会，在班上讲解并接受教师和同学的询问。美国的教授对我们说，案例教学的最大好处是逼迫选课者动脑筋，说出自己的见解。这样，学习就活了，并且经常有新的思路涌现。这实际上对于教师也是一种鞭策，教师同样不能照本宣科，不能一部旧讲稿多年不改。

第三，无论什么课程，美国的教师往往都会给学生留下一大堆参考文献目录，并且要学生写下读了这些参考文献的体会。这对于学生来说压力很大，但中国留学生告诉我们，累虽累，学习效果还是不错的。学生不仅阅读能力增强了，而且写作能力也提高了。学生还说，如果没有压力，业余时间就很容易被浪费。

第四，有的美国教师说，如果学生学习了一段时间的商学院或管理学院的课程后，想休学或转系，他们不会阻拦。这可能分两种情况。一种情况是：学生在商学院或管理学院学习后，感到自己的性格不适宜经商或整天在金融、营销、投资等领域工作，想休学或转系，这就不必勉强，否则硬让他们在商学院或管理学院学习下去，他们也是学不好的。能转系的，早转系比晚转系好。另一种情况是：学生在商学院或管理学院学习了一段时间后，感到不满足，愿意自己创业，而且又有合适的机会，于是就休学创业了。这种情况在20世纪80年代以后越来越多。如果确是如此，那就由学生自己决定，说不定他们的创业会取得成功，他们可能会成为新兴产业的企业家。

我们在对美国大学的商学院或管理学院的教学活动进行了上述考察之后，感到很有启发。由于中国正在从计划经济体制转向社会主义市场经济体制，因此，培养适合社会主义市场经济体制的工商管理人才是当务之急。我们必须尝试闯出一条新路，而且这项工作不是仅仅依靠少数商学院或管理学院就能完成的。北京大学光华管理学院愿意同国内其他大学的商学院或管理学院一起，把培养工商管理人才的任务完成得更好。

## 五

在美国考察完毕后，我们一行从纽约乘飞机直返北京。我们感谢尹衍樑先生捐款办学，感谢北京大学校方和教育部领导为我们创造了这么好的办学环境。

我为此专门填了一首《太常引》。

2003年10月，厉以宁在家中写作。

## 太常引
### 记与尹衍樑先生讨论筹建北京大学光华管理学院事宜
一九九四年

一心兴学悄然来，
细语抒胸怀。
忽见笑容开，
意何在、教人费猜。

红楼旧影，
未名新曲，
桃李满园栽。
携手育英才，
岂不是悠哉快哉？

词后有一小注：尹衍樑博士，山东日照人，为捐资建立北京大学光华管理学院事来京讨论。1994年9月，北京大学工商管理学院更名为北京大学光华管理学院，尹先生任董事长，作者任院长（1994—2005年）。2005年以后，作者任名誉院长，尹先生仍任董事长。

在美国考察时，我在旧金山写了三首诗词。

**七律**

旧金山乡间

一九九四年

有缘作客访孤村，
空屋无人不闭门。
又是月来花弄影，
那堪夜尽梦留痕。
倚风转眼云成雾，
带醉遥看树渐昏。
野渡一篙杨柳岸，
深秋十月水犹温。

**长相思**

旧金山艺术宫

一九九四年

这边行，

那边行，
绕过长廊小草迎，
池塘水又青。

主多情，
客多情，
赏曲忘怀雨或晴，
归来灯火明。

**七绝**

**再咏旧金山艺术宫**

一九九四年

楼台亭阁倚斜阳，
往事迷离似梦乡。
湖上鹅声频唤醒，
人生几度踏冰霜。

这三首在旧金山写下的诗词，都是为何玉春摄影所配的说明。

## 六

1995—1996年，北京大学光华管理学院教学和办公大楼一直在紧张施工之中。尹衍樑先生和光华管理学院领导班子一方面为大楼的兴建而操心，另一方面则为落实光华管理学院的师资队伍而忙碌。

曹凤岐和董文俊两位副院长对大楼的建设所花费的时间更多一些，而我和王其文副院长（他还担任光华管理学院党委书记一职）较多地考虑学院师资队伍的建设。另一位副院长张国有则把主要精力用于课程的建设和教学质量的提高。但不管我们几人有什么样的分工，一切有关院务的重大工作和人事安排，都由党政联席会议先讨论，再做出决定。参加党政联席会议的还有光华管理学院党委副书记李九兰同志。院领导班子都很团结，有什么大事都拿到党政联席会议上来讨论。党政联席会议平均每个月召开一次，开会前把要讨论的问题或初步设想打印出来，让每个参加党政联席会议的成员心中有数，早做考虑。

建立光华管理学院自己的案例库是我们从美国考察回来以后定为重点的项目。该项目由我和曹凤岐两人负责。我们争取到了教育部“九五”人文社科研究规划的重大科研项目“中国企业管理案例库组建工程”。该项目在1995—1996年就进行准备，1997年7月北京大学光华管理学院提出申请，同年11月提交论证报告，1998年1月得到教育部批准立项。该项目以北京大学光华管理学院为牵头单位，联合全国几十所高等学校共同完成。该项目的研究成果《中国企业管理教学案例》于1999年10月由北京大学出版社公开出版。

《中国企业管理教学案例》全书50万字，共分10篇，内容分别是战略管理、市场营销、组织理论、人力资源管理、财务及会计、生产作业管理、兼并与收购、企业文化、法律环境、管理信息系统。主编是我和曹凤岐。一些著名的企业家如李东生、张瑞敏、宗庆后等参加了专家指导委员会。项目设立秘书处。专家指导委员会主任由我担任，副主任由余凯成、曹凤岐、何志毅担任，何志毅还兼任秘书长。光华管理学院的教授于鸿君、王立彦、刘力、江明华、陈宝福、李东、李其、张红霞、梁钧平、蔡曙涛等都是专家指导委员会委员。

在该书的序言中说明了该项目的宗旨。

第一，建立一套企业管理案例库，为培养和培训工商管理人才提供教学案例，收集资料，形成案例管理信息服务系统。

第二，为企业提供咨询机会，提高企业管理水平。序言中还指出，迄今为止，我国企业经营管理案例的搜集、整理与分析相对于企业管理的深化、工商管理教育迅速发展的需要来说，存在着相当的滞后性。这主要表现在以下五个方面。

（1）国内使用的案例，许多直接采用报纸杂志甚至传记文学的内容，缺乏对企业管理过程的专业性审视和洞察，从原始材料的选择就已经偏离企业管理的视角，难以进行深入的专业化分析。

（2）国内一些院校和企业使用的国外案例，大多数是直接从国外“拿来”的，由于国外企业的制度背景和文化背景与中国有很大不同，因此国外案例对中国企业的适用性较差。而对于案例教学来说，由于学生缺乏对国外案例的制度背景、市场情况、人文环境等方面的了解，因此难以进行全面分析和形成较为真实的管理感受。

（3）我国现有的案例研究落后于国际企业管理的潮流。例如，国际经济正向着一体化发展，而我国有关跨国投资、国际企业管理、跨文化人力资源管理、国际法等方面的案例及教学相当薄弱。

（4）由于国内没有统一遴选、制作、覆盖工商管理的案例库，因此在企业经营与管理、企业管理人员培训中，所使用的案例的覆盖性和系统性均较差。

（5）在不同学校与各种培训项目的案例教学中，由于案例来源混杂，口径不一，教师和学生在案例交流中，缺乏共同的研讨基础和统一的背景条件。

正因为如此，这部由北京大学光华管理学院牵头、国内几十家高等学校商学院或管理学院合作编写的《中国企业管理教学案例》缩短了我国同西方发达国家工商管理学科在案例教学方面的差距。

为了配合《中国企业管理教学案例》一书在国内各商学院或管理学院的使用，在我和曹凤岐的策划和主编下，北京大学出版社在1999年10月出版了《〈中国企业管理教学案例〉使用说明》一书。何志毅教授担任副主编。该书主要帮助学生了解《中国企业管理教学案例》一书中提到的案例并做进一步的介绍，包括：①教学用途，②讨论参考题，③背景信息，④分析要点。有了这样一本关于教学案例的使用说明书，学生们就可以增加对所举教学案例的认识，并能得到更多的启迪。

何志毅教授在案例教学中很有成绩，这不仅缘于他以前在国有企业做过高管，对企业经营管理有丰富的实践经验，而且缘于他在博士生阶段和博士后研究阶段对企业经营管理的理论有深入的研究。

## 七

在案例教学和案例库建设取得进展的同时，我们在北京大学光华管理学院师资队伍的培养方面也出了很大力，主要是找到一所能接受北京大学光华管理学院教师进修的美国著名大学。我们经过认真考虑，经学院党政联席会议讨论后做出决定，北京大学光华管理学院同美国西北大学凯洛格商学院签订了合作协议。美国西北大学设在芝加哥，凯洛格商学院是美国最好的商学院之一，通常排名在美国商学院的前五名之内。

我们同光华管理学院董事长尹衍樑先生汇报了此事，他很高兴，认为凯洛格商学院的确是理想的合作伙伴，可以为光华管理学院培养师资，对光华管理学院的前景非常有利。尹衍樑先生说，如果你们需要经费，香港光华教育基金会可以承担。我说，我已经收到凯洛格商学院院长的邀请，准备于1997年7月下旬先去加拿大的温哥华、维多利亚、多伦多，因为那里有几家大学请我做演讲，然后从多伦多坐飞机到美国芝加哥，先去西北大学会谈，再答允芝加哥大学的邀请，在芝加哥大学做一场学术报告。

1997年7月28日，我、何玉春和我的博士生王受文三人坐飞机从北京直飞温哥华。王受文在商务部工作，他正在光华管理学院攻读博士学位，博士论文的题目是有关纺织品的国际贸易方面的。他年轻，英语十分流利，特别是思路清晰，是不可多得的人才。在加拿大和美国，我的演讲以及同有关高等学校商学院、管理学院协商时，都是他担任口译。他认真负责，一丝不苟。在加拿大和美国这些大学中工作的华人教授对于他的口译水平也都称赞不已。

到了美国芝加哥的西北大学后，我们一行被安排在凯洛格商学院的贵宾招待所里，凯洛格商学院院长雅可布教授每天吃早餐时都来陪我们。他见到我往牛奶里放茶叶，又放些盐，十分奇怪，就问我："这是什么吃法？"我回答说："蒙古族的吃法。"我喝光自己兑成的奶茶后，他也仿照我的方式向鲜牛奶里放茶叶，再加上盐。他喝了一口，连说"不好喝，不好喝"，我们都笑了。我说："你不习惯。下次到中国来，我陪你到内蒙古人开的餐馆去，那里有地道的蒙古族奶茶。"

我同雅可布院长的会谈很成功。结果是：北京大学光华管理学院的教师（包括教授、副教授、讲师）分期分批到西北大学凯洛格商学院进修，每批约为4人，进修时间一般为3个月到半年，费用由几个美国企业捐款赞助。但来这里进修的北京大学光华管理学院的教师需要自己在学校附近租房子住，付房租，可以在住处做早餐和晚餐。至于在凯洛格商学院内选修什么课程，由他们自己选择，可以选听本专业的，也可以选听跨专业的。凯洛格商学院举办演讲会时，他们可以自由去听。不要求进修教师参加课程结束时的考试。当时北京大学光华管理学院的教师不到30人，一年估计可分两批进修，如果一批来4人，估计至多4年就可以培训完毕。北京大学光华管理学院还有少数年龄较大的教师，而且他们在国内读大学时学的是俄语，那么可以组成考察小组，来凯洛格商学院参观、考察，时间为一个星期到10天左右。

我们都感到很满意。于是我到学校附近可以租到住房的居民住宅区看看，以便为将来派到凯洛格商学院进修的教师提供意见。最后两天，应凯洛格商学院雅可布教授的邀请，我在凯洛格商学院做了一场有关中国经济改革的学术报告，并出席了一次有关中国市场经济发展前景的研讨会，学术报告和研讨会都是王受文为我口译。我没有讲稿，尤其是在研讨会上回答听众提问时，双方的话语既简捷又快，但王受文都翻译得很流畅。有一位华人经济专家问我："这位年轻的翻译是美国哪个大学毕业的？"我笑着回答他："这位博士生没有留过学，他现在北京大学光华管理学院读博士。"

芝加哥大学和西北大学都在芝加哥，在美国都是排名居前的名校。芝加哥大学在经济学理论领域声誉卓著，而西北大学在工商管理领域享有盛誉。芝加哥大学的中国留学生们听说我到西北大学做演讲，就要求芝加哥大学请我访问，也为芝加哥大学做一场学术演讲。我同意了。于是西北大学的访问一结束，芝加哥大学就派人接我们一行到学校住下。在芝加哥市区参观游览后，我在芝加哥大学做了有关中国经济形势的演讲。

演讲结束后，我的留美学生朱延光夫妇、谭卫东夫妇、赵欣舸夫妇陪我们在芝加哥附近的名胜和风景区游览。中国驻芝加哥总领馆也请我为工作人员讲一讲当前中国的经济状况，如失业问题、通货膨胀问题、农民进城打工问题、加入WTO问题等。总领馆工作人员提了不少问题，我一一做了回答。

加拿大和美国之行结束后，我于8月14日回到北京，并立即向光华管理学院党政联席会议做了汇报，还向尹衍樑董事长汇报了关于西北大学凯洛格商学院的会商结果。尹先生很高兴，他说凯洛格商学院在国际上知名度很高，它愿意为光华管理学院培训师资是一件好事，如果经费（如来回旅费、在美国进修的生活费）不足，他可以赞助。

## 八

回到北京大学后，我到光华管理学院教学和办公大楼工地看了好几次。在我看来，按照设计图纸即将落成的大楼的确很壮观。但后来才发现一个大问题，就是大楼前后的停车场太小了。1994年我们去美国对建筑设计进行考察时，由于那时国内的私家小轿车数量还少，所以包括我在内，学院的领导都没有想到将来如何停车的问题。

到了1996年末，北京的私家小轿车数量逐年增长。我想，将来招收的MBA人数、短期培训班的人数会不断增加，并且这些学员很可能拥有私家小轿车，那样的话，学员的停车问题岂不是成了大问题？

大楼已经接近完工，大楼周围再也没有空闲地段可以辟为停车场，想盖一个地下停车场为时已晚。那就只好听之任之。从那时起，我已有修建光华二号楼的设想：如果修建光华二号楼的话，可以把MBA（那时刚开始有办EMBA的打算）和各种培训班的上课地点都移到光华二号楼，光华二号楼一定要修建地下停车场。至于即将落成的大楼，光华一号楼，可以作为本科生、研究生的上课地点。本科生、研究生住校，估计不会开私家小轿车来学习。因此，在新楼即将落成之际，建设光华二号楼成为我和院领导的共同愿望。

不仅如此，建立光华管理学院分院一事，也成为学院领导之间的话题之一。最早我们有一个南北中各建一个分院的方案，南是在深圳，中是上海，北是青岛。深圳分院和上海分院在当地政府的支持下，很快就谈妥了。但建立青岛分院却困难重重，主要分歧在于：北京大学方面坚持不建则已，要建就一定要高标准，严把质量关，并且分院一定要归北京大学光华管理学院直接管辖，而不能仅仅打着北京大学或北京大学光华管理学院的招牌，实际上校方和院方管不了。经过再三会商，最后没有达成一致，于是建立青岛分院的设想作罢（到2015年，北京大学光华管理学院已设立了4个分院，即深圳分院、上海分院、西安分院和成都分院）。

1997年9月7日，是个星期日，北京大学光华管理学院教学和办公大楼落成典礼隆重举行。尹衍樑先生偕同台湾大学、台湾政治大学一些教授前来光华管理学院祝贺，并参观新楼。大家一致认为，光华管理学院新楼建筑质量高，适用，外形壮观，为北京大学校园增色不少。典礼结束后，下午我邀请尹衍樑先生和台湾来的教授们参观圆明园遗址。包括尹衍樑先生在内，台湾的客人虽然多次来北京，但从未去过圆明园遗址。在参观过程中，大家感慨不已。

当时北京大学教学和办公用房很紧张，有的校领导问我，能不能让出几间房给学校，缓解一下学校用房紧张的状况。我婉拒了，说我们已经把原来的光华管理学院用房退还学校了，学校能否在我们交还的旧房中做些调整。学校方面一听，也就不提了。

在参观新楼时，有些台湾来的教授表示愿意来光华管理学院授课，我一概表示欢迎，并通知主管排课的工作人员按程序排课。尹先生补充了一句："讲课薪酬和往返路费都由香港光华教育基金会承担。"尹先生再一次表示了对光华管理学院的支持。

新楼使用以后，据我了解，最高兴的是光华管理学院的教师，无论是教授、副教授还是讲师，每人都分到一间面积相等的工作室，都配备有电脑，还可以安排一张长沙发，有人不要长沙发，而放置一张小单人床，以便午休。过去，北京大学的教师从未有过单人工作室，平时都在家里备课和批改作业，只有开会或上课时才到学校来。教师们在家里工作，有时小孩闹，静不下心来；有时在家里备课资料不足，只得上图书馆占位子。现在光华管理学院的每个教师都分到了一个工作室，教师们当然很高兴。其他院系的教师对此羡慕不已。我们在美国一些大学考察时，发现每个教师一间工作室是常规，所以这是不必大肆宣传的。我对光华管理学院的年轻教师说："工作室有了，如果教学评估后依然教学成绩差，那么责任主要在你们自己身上。”

为了提高教学质量，搬进新楼后，学院还做出一项规定：40岁以下的年轻教师，要继续在光华管理学院担任教学工作，凡没有取得博士学位的，一律抓紧时间攻读博士。如果错过了时机，依然没有获得博士学位，以后很难继续提升职称，甚至需要调到其他部门工作。在这一压力下，许多已拿到硕士学位的年轻教师开始温习功课，准备拿博士学位。这对他们是压力，也是鞭策。至于40岁以上的教师，就不这么要求了。

厉以宁在北京大学光华管理学院致辞。

# 第四章

## 入世从无平坦路

——记证券法起草工作以及证券法的通过

# 一

自从邓小平南方谈话公开发表以后，各界对股份制的兴趣大增。特别是一些规模较大的国有企业，包括地方国有企业，都急于扩大规模，增加资本投入，更新装备，以便在新一轮的经济增长中能在市场上战胜竞争对手。于是它们成为股份制改革的积极推动者。然而，从计划经济体制向社会主义市场经济体制的转轨过程中，股份制企业究竟如何组建，股票的发行和交易如何规范化，却是一个难题。从政府到企业，都希望及早制定一部证券法，否则很容易出乱子。

1992年第七届全国人大召开。万里委员长在委员长会议上建议把证券法的制定提到议事日程上来。那么，怎样起草证券法呢？以往主要把法律起草工作交给国务院下面某一个部或委员会负责，初稿成熟了，就提交给全国人大常委会审议。如果常委会审议时分歧较大，那么由起草小组会同全国人大法律工作委员会一起修改，直到意见被吸纳，分歧消除，再由全国人大常委会审议，如果委员长会议认为该法律草案已没有大问题，可以再次交全国人大常委会。但证券法的起草是否采取传统的由国务院部委起草这个惯例呢？委员长会议认为证券法是一部涉及许多部门利益的法律，不宜由某一个部委牵头起草，最好由全国人大常委会中的专家委员组成证券法起草小组进行起草。据说，万里委员长推荐由我出任证券法起草小组组长。当全国人大财经委员会征求我的意见时，我同意了。我想，由专家牵头主持法律的起草工作，这是新的尝试。我承认自己虽然对资本市场有一定的研究，但毕竟不是股市的实践者，也没有在上市公司担任管理工作的经验，我抱着虚心学习和多听取实际工作者建议的态度，认为自己应该是可以完成这项任务的。

就在这个重要时刻，深圳股市发生了一场风波。事情的经过是这样的：

1992年8月初，深圳决定发行价值5亿元的新股票，采用抽签方式认购，1张身份证限购新股抽签表1张，中签后可认购新股1000股，预计中签率为10%左右。每个购表者最多可持10张居民身份证购买。消息公布后，全国各地有一两百万人涌向深圳，邮寄到深圳的居民身份证达300多万张。8月7日晚8时，开始有居民在各个发售点轮流排队。到午夜时，每个发售点都有上千人在排队，许多人露宿街头。各个发售点前面，垃圾遍地，臭气熏天。到了8月8日，购买新股抽签表的人在炎热的天气中已经排了一天一夜，身体实在支持不住，超过100人中暑倒地。到8月9日早晨，排队者将发售点挤得水泄不通。有人插队，有人雇别人代为排队而不被后面排队的人认可，引发了许多吵架、斗殴事件，秩序混乱不堪。8月9日上午，各个发售点开始售表，由于秩序混乱，许多发售点不得不暂时停下来。到了下午3时，一些发售点挂出“表已售完”的牌子。在排队的股民中，有些人已经快排到了，突然见到停售或“表已售完”的通知，心中不服，便同发售点的工作人员和前来维持秩序的警察吵了起来，甚至发生肢体冲突。紧接着，成群的股民聚集在街头，向市政府迸发，变成了群体事件。在市政府门前，警察受到辱骂，还遭到瓶瓶罐罐的袭击。群众认为，这一事件肯定存在“走后门”“私下发售”，甚至“凭特权瓜分股票”等现象，群情愤慨，直到市政府答允彻查此事，群众才陆续散去。

深圳新股发行的上述事件引起国内各界的关注，普遍的反映是：新股发行方式必须规范化，有法可依，还必须惩治腐败，否则将使公众丧失信心，这对股份制改革的逐步推开是至关重要的。证券法起草小组建立后，必须重视公开、公平、公正原则，杜绝种种违法违规的现象，这样才能使中国的资本市场走上正轨，使资本市场稳步发展。

## 二

证券法起草小组几经协商终于组成了。组长是我，起草小组人员是由我聘请的专家。设了两位顾问：一位是经济学家董辅礽，他是全国人大常委会委员及全国人大财经委员会副主任委员，同时还兼任另一部重要法律——期货交易法的起草小组组长。另一位是法学家江平，他也是全国人大常委会委员，同时还任全国人大法律委员会副主任委员。我们三人决定先去考察一家准备改制上市的较大的国有企业，以增加实际经验。董辅礽同志选择山西汾酒集团作为考察对象。于是1992年冬天，董辅礽、江平和我三人一起到了山西，就汾酒集团的上市准备工作进行调研。这项调研着重于上市公司的规范性，是很有收获的。后来，汾酒集团成功上市了。

证券法起草小组的正式成员都是由我出面聘请的。他们是：北京大学经济管理系的副主任曹凤岐教授、北京大学经济学院副院长高程德教授、北京大学经济管理系的刘力教授和王立彦教授、全国人大财经委员会办公室的王连洲同志等。工作人员中，主要有北京大学经济管理系的研究生林昌、徐卫等。在起草前和起草过程中，我先后邀请了许多对资本市场有实践经验的专家到起草小组来座谈，听取他们的意见，其中常来的有高西庆、刘纪鹏等专家。

1992年很快就要结束了。这一年的确是不平凡的。从年初邓小平到南方考察并发表著名的南方谈话以后，改革开放再度成为热点话题。到了1992年底，第七届全国人大任期已满，开始换届。我得到全国人大常委会办公厅的通知，说我仍然被定为第八届全国人大代表的候选人，估计当选是没有问题的，第八届全国人大常委会委员的当选估计也没有问题，但专门委员会的职务会有变动，届时我将调到全国人大法律委员会任副主任委员。办公厅的同志征求我的意见。这出乎我的意料，我想，我并非法律出身，法律委员会副主任委员会不会难以胜任。不久，我接到田纪云同志的电话，他说："第八届全国人大将把建设社会主义市场经济的法律体系作为重要任务之一，你虽然是经济学专家，但因工作需要，转入法律委员会工作是对工作有利的。你除了继续主持证券法起草工作以外，还能为其他经济立法贡献自己的力量。"我在电话中对田纪云同志说："我懂了，我服从组织分配。"

在第八届全国人大第一次会议开幕前，根据全国人大财经委员会的安排，我率领证券法起草小组的主要成员曹凤岐、高程德、王连洲等人应香港证券界和金融界的邀请，到香港进行为期10天的考察，并在香港召开了中国证券法起草问题专题研讨会，香港一些证券界和金融界的名流和专家踊跃到会，会上专家们对中国证券法的起草寄予很大希望。归纳起来，他们的建议大体有三项：

第一，香港的证券法中有部分是可供内地参考的。这是因为，这部分可供内地参考的内容一般属于国际惯例，学习香港的经验可以少走弯路，避免重大失误。

第二，内地有自身的特殊情况，与香港不一样，例如国有企业有国有企业的特色，这些特色在短期内是存在的，从中长期看，虽然会有所改变，但肯定是渐进的。所以，当前起草的证券法应当顾及内地的基本情况和特点，不要硬性地与国际惯例看齐。如果那样做，对中国资本市场长远来说反而是不利的。

第三，现阶段最重要的问题，对中国证券业来说，就是公开、公平、公正的原则必须确立。从上海和深圳证券市场最近发生的问题来看，公众最厌恶的，也就是最没有信心的，就是“走后门”“权大于法”“掌权者为所欲为，受贿牟利”。这是中国证券界的致命伤，不把这些问题一一清除掉，在中国证券市场吃亏受害的，归根结底是无权无势的小股民，这样，中国的证券业就很难走上正轨。

我代表全国人大证券法起草小组向香港证券界、金融界的名流和专家们表示感谢，我觉得他们的以上三项建议值得我们好好学习。

## 三

从香港考察归来几天后，1993年3月15日，第八届全国人大第一次会议开幕了。我仍在湖南代表团，并再次被选为全国人大常委会委员。在专门委员会方面，我转到了全国人大法律委员会，担任法律委员会副主任委员。

这次大会对宪法做了修改，一是将“我国正处于社会主义初级阶段”写入宪法，二是将“国家实行社会主义市场经济”写入宪法，这两点被认为是宪法的显著变化，都是根据中共十四大的内容对宪法做出的修改。

乔石同志于1993年3月在第八届全国人大第一次会议上当选为全国人大常委会委员长。从这时起，据我的体会，我国实际上进入了双重转型的阶段。双重转型是指：一是从农业社会向工业社会、现代化社会转型；二是从计划经济体制向社会主义市场经济体制转型。这两个转型任务重叠在一起，交织在一起。全国人大常委会面临着为双重转型立法的任务，因为转型急需依靠法律。如果没有法律的引导、推动和保障，改革目标将难以实现，发展目标也会备受旧体制的阻碍，不易完成。

乔石委员长遵照邓小平同志的指示，一再告诉法律委员会，立法要有长期的打算，法律不因领导人的改变而改变，不因领导人的看法和注意力的改变而改变，同时，应当成熟一项就制定一项，不要等“配套设备”。这是指：社会主义市场经济法律体系远不是第八届全国人大期间就能形成的，经济立法任务重，工作量大，协调工作困难很多，但又不能等待，一项法律出台后，如果过了一些年，形势变化，或者发现法律中的某些条文已不再适用，可以通过执法检查，在以后的全国人大会议上或常务委员会会议上进行修改，但不能等待。第八届全国人大法律委员会的工作正是在这样的思路下推进的。

从我个人来说，在第八届全国人大法律委员会担任副主任委员的五年内，由于工作的性质，我转入经济法的学习和研究，参与法律的制定和修改都是最好的学习机会。在这里不妨举一个例子，就是对商业银行法的修改使我的认识有了很大的提高。在我国，商业银行法起初属于银行法的范围，而银行法原来被划为宏观调控和促进经济协调发展的法律一类，经过第八届全国人大法律委员会讨论后，认为商业银行在社会主义市场经济体制下应当成为独立的市场主体，商业银行法应当是一部规范商业银行的市场主体地位和市场主体行为的法律。商业银行就是金融业的企业，它们的权利和义务得不到法律的明确界定，它们的利益得不到法律的保障，是不利于社会主义市场经济体制的建立和完善的。法律委员会成员们的认识统一了，商业银行法顺利地由第八届全国人大常委会通过。

在商业银行法由全国人大常委会通过以前，法律委员会内部曾有一场争论。争论的内容如下：在中国人民银行最初既是中央银行，又是商业银行的情况下，银行是混业经营的，即银行不仅经营金融业务，而且经营证券、投资、信托等业务。法律委员会中有的委员认为，西方发达市场经济国家的商业银行几乎都是混业经营的，所以我国的商业银行也应当采取混业经营模式。但有些委员则认为，我国由计划经济体制过渡到社会主义市场经济体制的转型之路才刚刚开始，商业银行的管理仍有待加强，所以目前仍应以分业经营为主，如果马上仿照西方发达国家的商业银行混业经营模式，恐怕风险过大，对我国商业银行的发展弊多利少。经过法律委员会的讨论，最终做出如下决定：目前我国商业银行仍应分业经营，等将来条件成熟，再过渡到混业经营，这样更稳妥些。也就是说，不同的国家有不同的国情，我国在立法的过程中一定要符合国情，不能不顾我国商业银行刚起步的事实而照搬西方发达市场经济国家的做法。



## 四

第八届全国人大第一次会议结束后，证券法起草工作进入草拟初稿的阶段。我委托曹凤岐教授负责草拟初稿的工作，每隔一段时间向我汇报工作进度。曹凤岐教授很负责，他手下有一批从研究生到教授的工作人员作为起草的写作班子，他们勤勤恳恳、任劳任怨。要知道，这是既没有课题经费，又没有劳务津贴的写作班子，但所有的参加者都不在乎，他们心中只记住一条：这是为中国市场经济的建设做贡献。

1993年夏天，我应大连市政府和吉林省政府、吉林省人大的邀请去讲学（在大连市、长春市和延吉市各讲学一次），主要是讲解社会主义市场经济体制的确立和产权改革的意义。在延吉市讲完学后，我到珲春和长白山区做了考察，留下了两首诗。

**五律**

吉林珲春防川土字牌

一九九三年

无语边防去，
黯然上塔楼。
沉云连大海，
铁网锁荒丘。
不许帆樯过，
空悲江水流。
清兵何噩噩，
界石改村头。

诗后附注：在边境我侧塔楼东望，遥见日本海，但中间的陆地已在清朝被割让给沙俄，图们江入海口不在我国境内。

## 七古

### 长白山天池畔，大雾迷漫，一无所见

一九九三年

云景好，
山景好，
耐人寻味供思考。
史书疑案有几多，
是真是假谁分晓？
恰似天池雾里藏，
难见峰顶真面貌。
何妨学做糊涂汉，
信耶疑耶各一半。
后代总比前代明，
小溪长流水自清。

诗后附注：作者在长白山天池畔静候半日，雾气始终不散，只好下山。

1993年9月底，我接到中共中央党校通知，为认真学习《邓小平文选》（第三卷），须参加中共中央党校组织的邓小平理论学习班，地点在中共中央党校，从10月4日开始，为期一个月。对我来说，能有一个月的时间认真地、系统地学习邓小平同志关于改革开放的理论，的确是一次难得的学习机会。尽管工作十分繁忙，但学习机会决不能错过，所以10月4日早上我去中共中央党校报到，住在党校，吃在党

校，学习讨论也都在党校。

党校学习结束时，每个学员都要交一篇学习小结，又称学习心得。我的学习心得的题目是《邓小平同志在社会主义经济理论中的创新：学习〈邓小平文选〉（第三卷）的一点体会》。这篇心得被收录在辽宁人民出版社1997年8月出版的《邓小平理论学习笔记》一书中。我的学习心得共包括五个部分：①社会主义的本质；②社会主义经济发展的动力；③实现社会主义现代化的经济体制；④社会主义经济发展中速度与效益的统一；⑤实现社会主义现代化的保证。

## 五

1993年10月下旬，我仍在中共中央党校学习。一天，接到中共中央办公厅的开会通知，说第二天下午江泽民同志想约我谈话，讨论如何推行股份制改革问题。我按时去了，同江泽民同志一起座谈的还有两位，一位是王家福，另一位是陆百甫。王家福是著名的法学家，在中国社会科学院任法学研究所所长，同时也是第八届全国人大常委会委员。陆百甫是国务院经济发展研究中心的副主任，是著名经济学家，对国民经济发展和宏观经济调控颇有研究，对经济政策很熟悉。我们三人聚齐后被邀请到江泽民同志办公室座谈。江泽民同志先问大家对股份制改革有什么看法，有什么建议。我们三人都是赞成股份制的。王家福从法律的角度谈了产权清晰和界定对市场主体形成的意义，认为目前世界各国还找不到比股份制更有效的使企业产权得以确定的更好的办法。陆百甫认为，从经济政策的角度看，当时推行股份制改革的条件已经成熟，既可以推动国有资产的重组，又可以把民间资本动员起来，解决融资筹资问题。我则从证券法早日制定、出台的必要性出发，认为这样就可以避免走弯路，还有助于提高企业的效率，使企业设备更新，市场有序发展，等等。

我们讲完之后，江泽民同志谈了他的看法，大意是：股份制改革刚开始时，他在上海市工作。他是赞成组建股份制企业的。但股份制改革试点，要搞就搞大型企业，特别是大型国有企业，这样才有影响。但那时的上海，早期改为股份制的企业不多，而且全是小企业，是集体所有制，或民营的，没多大意义。江泽民同志讲完后，我们三人先后发言，都认为大型国有企业改成上市公司后，资本充足了，管理改善了，董事会和股东会都发挥作用了，这样，大型国有企业就有了生机。但大家也提出，越是大型国有企业，在进行股份制改革时，顾虑越多，怕有人说这将动摇社会主义的经济基础，怕"企业办社会"的负担太重，企业难以承担，还怕人员精减，下岗人数增多，社会会不安定，所以需要及早解除大型国有企业自身的顾虑，解除国有资产主管部门的顾虑。江泽民同志最后说，看来还有大量准备工作需要完成，有些重大决策还需要中央下决心去做。

## 六

转眼到了1994年，证券法起草工作经过一段时间的讨论和调研，已经进入初稿铺开写作的阶段。真正的困难，这时才开始遇到。在听取了曹凤岐教授等人的汇报以后，我在笔记本上择要地将其归纳为四个问题，它们需要逐个讨论才能执笔。这四个问题是：

（1）国有股能否流通？

在证券法起草过程中，摆在起草小组面前的一个重大问题就是国有股能否流通。社会上有些同志认为国有股不宜流通，如果容许国有股流通，那么国有股的流失问题就很难控制，出了问题这个责任谁来承担？但也有些同志认为，如果国有股不准流通，那么国有企业的股份制改革如何推进？股份制改革如果仅限于集体所有制企业和民营企业，那么能对中国经济改革和发展起多大的促进作用？

证券法起草小组必须认真对待国有股的流通问题。证券法起草小组成员基本上是同意国有股流通的。但外界反对国有股流通的呼声很高，而且还以“保护国有企业”“防止国有资产流失”为口号，这使得证券法起草小组十分为难。

后来，终于找到了一个兼顾双方的折中方案，那就是把国有资本存量和增量分开计算，即：国有资本存量折股，但这是非流通股；国有资本增量折股，这是流通股。举一个例子：某地国有企业准备改为股份制上市公司，原有国有资产100亿元人民币，折成国有股，不流通；新发行3亿元人民币，折成可流通的国有股。资本存量是非流通的国有股，资本增量则是可流通的国有股。这样，既能防止国有资本存量的流通或“流失”，又可以使资本增量参加流通，给国有资产增添活力。

在当时的条件下，资本增量和资本存量分开计算和分别对待，是争论双方都可以接受的解决办法，大型国有企业的股份制改革就可以启动了。

但证券法起草小组却遭到了某些经济学家的批评，说中国的证券市场“非驴非马”“不伦不类”，在全世界都是绝无仅有的，怎样同国际接轨。他们的批评虽然有些道理，但他们却不懂得国情。如果当时不这样处理，国有企业作为股份制企业而上市的难题就会久拖不决。所以，把资本存量和资本增量分别对待，实际上是权宜之计。否则，国有企业的股份制改革将会因为国有股是否流通问题而被长期争论和搁置。

当然，国有股一部分不流通，一部分可以流通也带来了不少问题。一个问题是：非流通的国有资本存量数额大，在股权结构所占的比重大，如有些国有股份制企业中的国有非流通股竟占全部股份的80%~90%，至少也占60%，股东会根本开不起来，董事会全由大股东包下，企业运行机制根本没有变换，国有企业改制为股份制上市公司只起到融资作用（说得难听些，只起到“圈钱”的作用）。到了21世纪第一个十年，问题越来越尖锐，终于实行“股权分置改革”，即把国有企业的非流通股分期分批地转变为流通股。这在中国证券市场上被称为“第二次股份制改革”。

（2）怎样实现市场主体行为的规范化？

在市场经济中，企业是最主要的市场主体。作为市场主体的企业的行为是否规范化，与三个方面有密切的关系。一是企业的产权是否清晰。二是政府的指令在企业的市场行为中是否起着决定性的作用，即政府的指令是否取代了企业的自由选择，计划配额是否排斥了市场竞争，从而企业是否处于政府附属物的地位。三是企业内部的管理是否科学、合理，是否按现代企业制度的要求进行决策和管理，也就是说，企业是否建立了法人治理结构，法人治理结构是否充分发挥作用。这里所说的法人治理结构是指股东会、董事会、监事会和总经理这样一套现代企业管理制度。

证券法所关注的无疑是准备上市的股份制企业和已经上市的股份制企业的行为是否规范化。在中国已经确定要由传统的计划经济体制转向社会主义市场经济体制，所以必须从上述三个方面（即企业产权是否清晰、企业是否仍处于行政部门附属物地位，以及企业是否建立了法人治理结构）着手，要求已经上市的股份制企业和准备上市的股份制企业符合上述三个方面的要求。

在讨论证券法起草工作时，证券法起草小组一致认为上述三个方面的要求是最起码的底线，决不能从这条底线后撤。尤其是对于那些准备上市的股份制企业，必须严格审查，不能让行政部门插手这些方面，否则既会损坏上市公司的形象，使投资人受到利益上的损失，还会使腐败丛生，“走后门”上市、“政府特批”上市、“人情”上市等违法现象也就阻挡不住了。这对于中国证券市场的前景肯定是有害的，因此证券法起草小组始终守住这条底线，坚持证券市场的公开、公平、公正原则，决不后退。

然而，由计划经济体制向社会主义市场经济体制的转型绝不是那么简单的。既得利益集团唯恐自己的利益丧失，所以一而再，再而三地搬出“中国有中国的国情”这样的言论，要求在公司上市问题上要从大局出发，不能硬搬西方发达国家证券市场的做法，多少要变通一些，灵活一些，让上市公司的门槛低一些。证券法起草小组一再表明自己的态度，认为“公开、公平、公正”这六个字就是底线，不能再后撤。在一次向田纪云同志汇报证券法起草过程中遇到的困难时，当谈到地方政府和中央有关部委希望能给一些地方国有企业和中央国有企业某种特殊关照时，我认为不能这样做，否则将来会被股民们痛骂的。田纪云同志笑了，他说，这个问题不能让步，口子一开，以后怎么收场。田纪云同志是支持证券法起草小组的。这样，我们的信心就更足了。

（3）证券交易所采取什么样的管理体制？

这是摆在证券法起草小组面前的又一难题。西方发达国家的证券交易所大体上有两种管理模式。一种是由会员们选举产生的董事会或理事会管理模式；另一种是证券交易所本身就是上市公司，由董事长或理事会按公司制运作。那么，中国的证券交易所应当采取哪一种管理模式呢？证券法起草小组有不同的看法。一种看法是实行会员制，由会员们选举产生董事会或理事会，再由董事会或理事会选举一名董事或理事出任负责人，通常选出的是董事长或理事长。也有人认为，目前可以先采取这种管理模式，但以后如果有可能采取公司制，并成为一家上市公司的话，那么未尝不可以采取公司制的管理模式。

但后来全国人大常委会通过全国人大法工委把中央的意见转告给我们，认为中国的证券市场仍在起步阶段，经验也不足，所以证券交易所负责人改由国务院任命比较妥善。我们感到，这是没有更好办法中的一种替代方案。但如果照此执行，那也是有局限性的。这是因为，证券市场是遵循市场规律办事的，证券交易所不是政府机构，为什么证券交易所的负责人要由政府来任免呢？因此，由政府任免证券交易所负责人应当是过渡阶段的措施，等条件成熟后应再改行其他做法。

（4）能否实行上市公司注册制，而不再实行证券管理部门审批制？

要知道，当时中国证券管理部门不仅实行审批制，而且实行的是配额条件下的审批制。什么是配额？简要地说，就是由中央各个部委根据本部委之下各行各业的情况，先下达上市公司的配额，比如说，某某部委下属国有企业众多，就给予3个上市名额，某某部委下属国有企业较多，给予2个上市名额，某某部委下属国有企业少，所以只给1个上市名额。对地方（省、市、自治区）也采取这种做法。结果大家争名额，争上市，吵得很厉害。配额一下达，有关中央部委和地方（省、市、自治区）就要迅速上报材料，过期不报，配额作废，以致于有的部委下面没有合适的要上市的企业，就想方设法去重组、合并，以免丧失配额。地方上也一样，赶紧把配额用了，以免作废。

配额定了，才有机会上报上市公司的材料，然后经过评审，最后由证券管理机构批准。一环扣一环，想跳过任何一个环节都是徒劳的，有损无益的。一直到证券管理机构批准，才有资格上市。

国际上，尤其是西方发达国家的证券市场，不采取审批制，更没有配额制，它们通行的是注册制。在注册制之下，只要报表齐全、手续完备，又有公证记录，公司就可以上市。虽然没有审批制所要求的那些程序，但上市公司的质量是有保证的。加之在注册制之下，对上市公司各种报表的真实性也有一套严格的审查程序，一旦发现有瞒报、作假、欺骗投资人的情形，查实后重罚，上市公司的信誉，连带为该上市公司服务的会计师事务所、律师事务所的信誉都将受损。这是实行注册制不可缺少的条件。

证券法起草小组就是否实行上市公司注册制问题进行了讨论。多数人的意见是：就中国当前实际情况来说，实行上市公司注册制的条件还很不成熟，如果匆忙地把注册制写入证券法，不仅很难被通过，而且即使通过了，也很难实行。不如把这个问题先放一放，仍然实行审批制。只是配额制这样带有浓厚的计划经济色彩的措施，则是越早取消越好。

## 七

1994年的大部分空余时间，应江苏人民出版社之约，我将自己在1993年9—12月为北京大学工商管理学院研究生开设的“中国宏观经济专题”课程的全部讲稿进行整理，完成了《股份制与现代市场经济》一书的撰写工作。

这里提到了北京大学工商管理学院，需要做些说明。1985年，北京大学经济系改为北京大学经济学院，下设三个系：经济学系、国际经济系、经济管理系。院长是胡代光教授，党委书记是石世奇教授。经济学系系主任是陈德华教授，国际经济系系主任是洪君彦教授，经济管理系系主任由我担任。此外，在丁石孙校长的建议下，另设管理科学中心，进行跨文理科学的研究。经济学院所招收的研究生（包括博士生和硕士生），学习课程完毕和论文答辩通过后授予经济学博士或硕士学位。而管理科学中心所招收的研究生（当时仅招收硕士生），学习课程完毕和论文答辩通过后授予管理学硕士学位，管理学硕士属于理科系列。管理科学中心的主任由丁石孙校长兼任，我、陈良焜教授（经济计量学专家）、王恩涌教授（环境科学专家）担任副主任。

丁石孙校长当时很明确地对我说，我在经济学领域内有一些新的观点、独立的观点，尽管现在成立了经济管理系，但隶属于经济学院，我的科研活动多多少少仍会受到牵制，所以现在新设立一个管理科学中心，由丁石孙校长兼主任，我和陈良焜教授、王恩涌教授三个任副主任，管理科学中心直属北京大学，这样，你们的教学和科研工作就可以顺利开展了。面对丁石孙校长的一番苦心，我们深受感动，决心在学校直接领导下把管理科学中心办好。

到了1993年，丁石孙同志早已调到民盟中央工作。北京大学校长由吴树青教授担任，主管文科和国际交流的副校长是罗豪才教授。罗豪才教授认为经济管理系应当从经济学院分离出来，扩充为工商管理学院，由我出任院长。为了壮大工商管理学院，还决定把管理科学中心并入工商管理学院，但工商管理学院仍有单独的编制，不仅继续招管理学硕士（理科系列），而且还有单独的教授和实验室工作人员编制。当时，北京大学数学系博士生张来武在美国著名大学又获得了经济学博士学位，回国后的他进入管理科学中心任教授。

管理科学中心一直以科研为主，而且侧重的是交叉学科、边缘学科、新兴学科的研究工作。管理科学中心主任由我兼任（丁石孙同志辞去了北京大学的一切行政职务，包括管理科学中心的职务），管理科学中心继续在丁石孙同志的关怀下，在教学和科研方面做出了很多成绩。

北京大学工商管理学院成立之初，经费不足，难以添置计算机和其他设备。幸亏先后得到了曾宪梓、何厚铧、陈政立几位企业家的支持，他们或捐款使我们能添置设备，或直接帮我们增添实验室的设备。这些支持在工商管理学院创立之初是起了很大作用的。

第八届全国人大很快就到期换届。经过改选，产生了新一届全国人大常委会，由李鹏同志担任委员长。至此，证券法的起草与修改工作经历了第七届常委会、第八届常委会、第九届常委会。李鹏委员长召集全国人大证券法起草小组的专家开会（我在第九届全国人大常委会上又被选为全国人大常委会委员，并担任第九届全国人大财经委员会副主任委员）。在向李鹏同志汇报时，我告诉李鹏同志，从基本内容上说，大的问题已解决，只是有些具体问题还有待于统一看法，李鹏同志让我向田纪云同志汇报，看看能否早一些解决。有哪些难题呢？一是要不要实行配额制，二是要不要在证券法中加上注册制，三是证券交易所是否采取国务院批准制。

田纪云副委员长的看法是：中国有自己的国情，政府要根据国情做出决策，所以“该让步的让步”，不要因此而拖延证券法的出台。

这样一来，证券法起草小组的专家们都松了一口气。大家都说，不要脱离中国国情。又过了几个月，证券法（送审稿）由全国人大常委会投票表决。结果以高票通过，全场掌声不绝。

证券法既已通过，国有企业的“非流通股”也就有了向“流通股”转变的可能。要知道，当初采取的是“存量非流通”做法，增量则可以作为流通股而上市。为了让投资者放心，当初国有企业在“增量招股”的说明书中，通常有这样一句话：“国有企业的存量股份暂不上市”。这等于向广大投资者承诺，上市的只是增量，存量股份是不上市的。现在，存量也可以上市，这等于违背了当初的承诺，等于“违约”，这就应该向当初购买增量的投资者进行补偿。补偿采取市场决定的方式，即当初社会流通股的购买者的股份根据市场效益的好坏按市场价格的高低折算：行情好的“十配四”，行情中等的“十配三”，行情差的“十配二”，等等。这样一来，存量股也就成为社会流通的股份了。这在证券市场是一件大事，是迟早都必须解决的，想不到在证券法通过以后不久，通过第二次股份制改革就得到了解决。这是21世纪初中国证券市场的一大成就。

# 第五章

## 下乡怨，下海恋，下岗愁

——就业优先论的提出

## 二

20世纪90年代中期，经过国务院对通货膨胀的整治，通货膨胀率开始下降，社会上普遍感到信贷十分紧张。贷款难是当时企业界面临的大问题。邓小平南方谈话以后，在全国各地，尤其是南方沿海一带掀起了持续的“创业热”，大批体制内的年轻人纷纷下海，自行创办企业，成为企业家。这就是后来中国经济学界所流行的“九二派”的来历。这些年轻人学历高，头脑灵活，对当时的国际经济形势有比较清醒的认识，加之他们最初在体制内的政府机构工作过，或者在国有企业工作过，懂得体制内的经济是如何运作的，也知道国有企业的不足之处何在，所以他们一旦下海，便能得心应手，自己的企业就这样成长起来了。然而，这些人毕竟只是少数，在邓小平南方谈话以后，下海经商的知识分子远不止后来有资格被称为“九二派”的少数人，大批下海经商的知识分子在金融紧缩的大环境中被扼杀了。他们是创业者，他们迫切希望得到金融机构的支持。而信贷的紧缩、利率的不断上升，特别是信贷的规模控制，直接影响到他们成功的概率。他们的事业刚有点眉目，怎么经得起信贷大门的关闭，怎么承受得起高昂的利息负担？我在外地考察时就听到不少年轻创业者的呼吁。但我们有什么办法呢？没有。

另一件令企业界头疼的事，是金融紧缩以后出现的所谓“三角债”“多角债”“连环债”。在计划经济体制下，政府管得死，就那么一点点流动资金供企业周转，谁也不能挣脱政府控制的格局。而邓小平南方谈话以后，情况就大不一样了。最活跃的是大批民营企业，包括20世纪80年代最早出现的一批民营企业，但更多的是90年代初各地如雨后春笋般成长起来的民营企业。民营老板看准了这是发展自己企业的最佳时机，他们独资经营，把家里多年积存的一点钱全部拿出来。或者开个小店、小作坊，或者同亲戚朋友、熟人合伙做生意，或者到上海、深圳两地尝试着如何炒股。但谁都没有想到会突然遇到金融紧缩。突然资金周转不灵了，银行借不到钱，高利贷盛行，利率高得惊人，他们甚至陷入“三角债”“多角债”之中，叫苦不已。

我在沿海一带调查时，一些民营老板，尤其是那些小本经营者，纷纷反映他们被“三角债”“多角债”拴牢了，想解脱出来，但一点办法也没有。他们反映：国有企业欠民营企业货款，民营企业也欠国有企业货款，结果怎样？把民营企业逼死了。这是因为，国有企业欠民营企业货款是商业纠纷，国有企业现在还不了钱，就这么拖下去；然而，民营企业欠国有企业货款则被催得紧，非得赶快还清不可，如果久拖不还，就会被扣上“侵占国有企业财产”“导致国有财产流失”等罪名，逼得民营企业无路可走，到处躲债。这样一来，解开债务链，便是当前救急之道。

政府采取了一些“解套”的措施，比如，政府让某家国有商业银行向某家国有企业放款，作为解开债务链之套的措施。这家国有企业有钱还债了，得到货款的企业便有钱去偿还欠债，一轮一轮下来，不就可以解开债务链之套了吗？我在辽宁和浙江两省做了调查，发现这种银行放款“解套”的做法，效果不大。原因有三。

第一，金融紧缩之后全国各类企业间因流动资本缺乏而形成的“三角债”“多角债”总额究竟有多少，当时并没有精确的统计，而国有商业银行给国有企业作为解开债务链之套的放款数额是有限的，无济于事。而且，只要企业仍在生产，仍在销货，企业之间彼此拖欠的货款就不会停步，而会继续增长。这是实际情况。如果企业一律“现卖现收”，不得拖欠，是行不通的。有些企业认为：如果一律“现卖现收”，那就没法做生意了。企业的态度是：拖欠就拖欠吧，总比停产停售好，如果停产停售，谁给员工发工资？

第二，这种靠国有商业银行放款来帮助企业解开债务链之套的做法，确有一些效果，但影响面并不大。比如，能够由此解开债务链之套的，只限于少数国有大企业。甚至连国有中小企业（在20世纪90年代前期，全国各地的国有中小企业仍是较多的）都得不到这种放款，更不必说民营企业了。得不到国有商业银行放款的企业，不管是国有中小企业还是民营企业，都会继续叫苦不已。

第三，这种“注资解套”或“灌水解套”（这都是当时商界流行的做法）的做法，之所以不可能产生较大的效果，原因还在于“注资”或“灌水”不可能产生多米诺骨牌那样的效应。在多米诺骨牌游戏中，只要把骨牌的位置排列得当，推倒第一张骨牌后，就会产生相继被推倒的效应，不管骨牌数量是多少，一张接一张直到全部倒下。但放款解除债务链之套的情况则与此不同。据我们在辽宁和浙江调研时所发现的，解开债务链之套的注资效果是递减的。不妨举个例子，最初得到国有商业银行放款的国有企业拿到一笔10亿元的款项，它是不会全部用于偿还自己所欠货款的，总会以各种理由留下一部分作为其他支出所需。这样，用来“解套”的资金就少于10亿元。第二轮，这家国有企业能运用的必定是少于10亿元的资金。比如，还剩下8亿元用于偿还4家企业的货款，则平均每个企业可以得到偿还的货款为2亿元，这4家企业都留下20%自己用。到了第三轮，这4家企业能用于清偿债款的总额只剩下6.4亿元。一轮一轮下去，“注资解套”或“灌水解套”就没有多少钱了。这对于解开债务链之套的效应也就不存在了。

正是由于以上因素，债务链很难用“注资”或“灌水”的办法来“解套”。

## 二

与此同时，失业问题日益突出。失业问题之所以突出，一是由于金融紧缩后，民营企业的日子不好过，创业者在经济生活中感到希望不大，止步了，收手了，于是，本来可以吸纳多余劳动力的民营企业不像邓小平南方谈话之初那么红火，创业者的积极性也冷却下来，但农民对经济形势的变化了解甚少，从江西、湖南、湖北、贵州、广西、四川涌向广东的农民工丝毫没有减少。1994年2月，我从北京到深圳，再到海南休假，在深圳和海口都看到内地的农民工仍源源不断地涌来，但由于金融紧缩，企业的日子没有前两年那样好过，所以农民工都感到找工作难了，有些人转到其他地方，有些人仍留在深圳和海口等待。当地的企业家告诉我，前两年深圳等地之所以那么需要农民工，是因为当时的房地产业很红火，而今年（1994年）由于银根太紧，一些房地产商资金周转不灵，只好停工。我从深圳去惠州，一路上看到有些楼房成了烂尾楼，只盖了一部分就没有工人干活了。

造成失业人数增加的另一个重要原因，是国有企业改革速度加快而裁减员工。据我在吉林、辽宁两省的调查，那里的国有企业（主要是地方国有中小企业）在改制时，对年纪偏大、身体欠佳的工人和女性工人采取“买断”工龄的方式把他们遣散，有的企业一名工人只付1万元就“买断”了，这名工人从此就不属于企业编制。这种做法实际上太简单了，容易引起企业员工的反感。被裁下来的工人，有的回老家，有的开个小店、小作坊自谋生路，但也有的每隔一段时间就到企业找领导，说企业不公平：“我和某某是同时进厂的，干的是一样的活，为什么他留下来我却下岗了？”结果需要企业给点津贴才回去。有的地方国有企业已经资产重组或合并到另一家企业，原来的企业领导也调到其他单位，被裁减下来的工人一肚子怨气却找不到可以申诉的地方。

这两种情况（农民工找不到工作和国有企业裁员）都不可避免地使失业人数增加。但在地方政府的统计中，这些失业人员是没有包括在失业人数之内的。据了解，我国采取的城镇登记失业率的统计方式，农民工未包括在内，因为农民被认为都是就业的：务农就是就业。至于被遣散的企业员工，如果不去登记，也不被统计在失业人数之内。我在湖南南部某个县城还了解到，有的失业者到劳动局去登记失业，得到的答复却是："今年本县的失业人数登记指标已满，没有余额了，你明年再来登记吧！"我曾在第八届全国人大开会期间的小组讨论时，专门就这种不让登记失业的情况做过反映，但没有下文。

与农民工找不到工作和国有企业裁员这两种情况相比，20世纪90年代中期的大学毕业生，尤其是研究生学历的人才在就业方面还是比较容易的，他们一般都能找到就业单位。所以我在讨论就业问题时说过，这主要同社会上对大学生尤其是研究生的需求量较大而供给量较少有关。一旦失业现象扩大到大学毕业生和研究生，问题就会复杂得多。这是值得教育部门和劳动就业部门关注的问题。

## 三

国内金融紧缩和失业问题日益突出的情况，引起了经济学界的关注。1994—1996年这三年间，经济学界举行了多次研讨会。只要我没有离开北京外出，没有去全国人大常委会和法律委员会开会，只要我没有在北京大学的授课安排，我都会参加经济学界召开的经济形势座谈会，发表我对通货膨胀和失业问题的看法，提出自己的建议。我一再说，经济学家不应当沉默，经济学家的沉默会造成国家的重大损失。

那时，我正在撰写《经济学的伦理问题》《转型发展理论》两本书。《经济学的伦理问题》是应三联书店的邀请撰写的，全书18.7万字，于1995年5月出版。《转型发展理论》是应同心出版社的邀请撰写的，全书24万字，于1996年10月出版。这两本书扼要地表述了我对当前经济形势的看法。我的“就业优先论”主要是在这两本书中表述的。

“就业优先论”较完整的说法应当是“就业优先，兼顾物价基本稳定”。

先看《经济学的伦理问题》一书是怎样说的。书的第三章《宏观经济政策目标》共分三节。第一节，《失业与通货膨胀之间的关系》；第二节，《就业优先的依据》；第三节，《对“就业优先，兼顾物价基本稳定”的进一步论述》。

在第一节中，先进行有关失业与通货膨胀交替问题的理论分析。要知道，在当代西方经济学界，关于失业与通货膨胀之间是否有此长彼消、此起彼落的交替关系，一直是有争论的。经济学家菲利普斯对1862—1957年将近一百年间英国的失业率与货币工资变动率的统计资料进行整理后得出的结论是：失业率与货币工资变动率之间存在着替代关系。由此引申为：货币工资变动率同物价上涨率（通货膨胀率）之间存在着变动一致的关系，从而表明失业率同通货膨胀率之间存在着替代关系。西方某些经济学家在政策建议中提出了如下方案，即在通货膨胀率较高时，可以用提高失业率的方法来降低通货膨胀率；而在失业率较高时，则可以用提高通货膨胀率的办法来降低失业率。

我在书中指出：从理论上说，失业与通货膨胀之间的交替关系并没有科学依据。失业可能由不同的因素引起，通货膨胀也有各种各样的原因。失业可能单独发生，也可能同通货膨胀一起发生，还有可能因经济增长及其相伴而来的通货膨胀而呈下降趋势。通货膨胀同样如此，它可能单独发生，也有可能同失业一起发生，还有可能因经济增长及其相伴而来的失业率上升而呈下降趋势。可见，“通货膨胀与失业之间没有必然的联系，其变动方向也不是一定的：有可能呈反方向的变动，也有可能呈同方向的变动，还有可能此变彼不变，此不变彼变”[①]。

我在书中还指出，充分就业是政策目标，物价基本稳定同样是政策目标，这两个政策目标是同等重要的，因为这两个政策目标都直接关系到社会的稳定。我接着做了如下阐释：“把充分就业目标与物价基本稳定目标置于同等重要的地位，并不意味着一国政府在任何情况下都必须把这两个目标同样对待而无轻重缓急之分。两个目标同等重要与政府根据每个时期的经济形势而排列解决失业和通货膨胀问题的先后顺序，是不矛盾的。经济学中有关宏观经济政策目标的伦理学讨论，主要不在于谁必须把就业与物价基本稳定置于最重要的、同等重要的位置上，而在于排列不同政治、经济形势下解决失业与通货膨胀问题的先后秩序。”[②]

那么，为什么在当时情况下我会提出“就业优先，兼顾物价基本稳定”的原则呢？在书中我做了说明：有一个重要的理论依据促使我在经济形势座谈会上提出上述原则。

---

① 厉以宁：《经济学的伦理问题》，生活·读书·新知三联书店，1995，第78页。

② 同上，第80页。

这个理论依据是：失业的受害者与通货膨胀的受害者的情况有所不同。要知道，只要人们有工作，有收入，只要不是发生急剧的通货膨胀，那么在一般情况下，这些有工作、有收入的人尽管对通货膨胀不满，但还不至于没有生路。他们希望工资、退休金能相应调整，他们还考虑如何使手中的货币保值，如购买商品，购买金银首饰，以便少受损失。失业则与此不同。社会上的失业者只是一部分人，他们的心理会不平衡，看到别人有工作，有收入，而自己没有工作，没有收入，他们会抱怨社会，抱怨政府，所以矛盾易于激化，社会不稳定会日益显著。在失业的社会保障制度还未建立或者还未普及的情况下，这对社会动荡的影响要超过通货膨胀。

再者，在失业率或通货膨胀率超过社会可以承受的限度的情况下，高失业率对宏观经济运行的干扰往往大于高通货膨胀率对宏观经济运行的干扰。在高通货膨胀率之下，如果企业增加生产资料的储备，如果有新产品能打开市场，如果有期货市场可以为企业减轻通货膨胀的不利影响，等等，企业还是可以继续进行生产和营销的。但在高失业率之下，由于社会动荡加剧，企业的正常生产和销售都会受到影响，企业是无法维持下去的。因此，这里就有“两害相衡取其轻”的选择，“就业优先，兼顾物价基本稳定”正是从“两害相衡取其轻”的角度来考虑的。

我很难说“就业优先”的提出一定是正确的或一定有效，经济学家提出的各种不同对策都只是供政府部门参考。但这在当时却引来了一些人毫无根据的批判，说厉以宁宣扬的是“通货膨胀无害论”，说厉以宁认为“通货膨胀没有什么大影响”，还有人说“厉以宁抛出的是西方经济学中的菲利普斯曲线理论”，等等。其实，批判者并没有读过或翻阅过我的《经济学的伦理问题》一书，也没有弄懂我在经济学界座谈会上发言的本意。仍同过去一样，我不同歪曲我的原意而撰写批判我的观点的学者争论，我仍埋头写我的著作，一切让实践来评判吧！

## 四

我的《转型发展理论》一书是在1996年出版的。同心出版社特别做了“加速”编辑和出版的安排，所以距离《经济学的伦理问题》的出版才一年零五个月。《转型发展理论》一书提出了转型发展的三个命题：

（1）产权改革比价格改革更重要。

（2）失业问题比通货膨胀问题更令人担心。

（3）经济增长分析比货币流量分析更有用。

在这些命题中，第一个命题“产权改革比价格改革更重要”，是我在《非均衡的中国经济》一书中提出的，经过了最近几年股份制改革的证实。在《转型发展理论》一书中，我着重讨论了以下几个问题：①产权改革与企业体制创新。新企业体制的基本形式是股份制。②职工持股制，这里的重点一是集体资产量化到个人的可行性，二是通过银行贷款来实现职工持股制。③关于“劳动股权制”的讨论。“劳动股权制”是类似于合作制的一种形式，即在资金入股以外，再加上劳动入股。因此，“劳动股权制”是可供职工选择的一种做法。④国家控股制度。重点是讨论国家控股公司的模式。⑤“国有民营”与租赁制。这实际上仅适用于国有小企业，在这种模式下，国有小企业仍保持股权，租赁是承租者付出租金后取得对企业的经营权，但承租者不能处分企业资产。⑥改革与管理的关系。重点是说明企业内部管理的加强也代替不了产权改革。

第二个命题“失业问题比通货膨胀问题更令人担心”，在《转型发展理论》一书中比在《经济学的伦理问题》一书中有更广阔的探讨范围。

在这个命题下，共分为两大重要问题。

一个重要问题是产权改革与就业的关系，着重探讨的是以下问题。一个是转型发展时期就业问题有特殊性，这包括：过去长期存在于中国的隐蔽性失业公开化，城市新达到法定就业年龄的青年找不到工作，也不可能再让他们到农村去插队；农民认为务农收入太少，纷纷涌进城市，但不一定都能找到工作。这种就业的特殊性必须引起政府的重视。另一个有特殊性的就业问题是：工业化进展过程中，固然可以吸收劳动者就业，但对简单的、技术水平低的劳动力需求毕竟是有限的，而技术工人的供给有限，结果形成了“一方面人找事，另一方面事找人”的结构性失业现象。这同样需要政府采取人力资源结构性调整的必要措施。此外，转型发展时期的国企改革是不可避免的，国企改革推进过程中必然会产生闲置劳动力被裁减的问题，于是失业率上升便成为政策需要关注的重点。

另一个重要问题是在转型发展过程中如何缓解就业压力。我在书中着重从三个方面来阐述。

第一，发挥小城镇和中等城市在缓解失业问题方面的作用。小城镇自20世纪80年代起迅速成长，已经吸纳了大量人员就业，包括就近迁入小城镇的农民。有些农民还经营商业、服务业。但我认为，中等城市无论在发展方面还是在增加就业方面还有较大潜力。中等城市与小城镇相比，有以下优越性：①小城镇占用土地资源过多，从我国土地资源有限的角度来看，不如发展中等城市，这样可以节省土地以容纳更多进城的农民，因为中等城市可以盖高层楼房。②就供电、供暖、供气、供水来看，中等城市比小城镇更经济、更合理。③如果在小城镇办加工工业，污染不易治理，而如果在中等城市，特别是在中等城市的工业园区、高新技术区办加工工业，不仅可以多吸纳劳动力，而且污染更容易受到监督，得到治理。④今后解决就业问题需要依赖第三产业的发展，而第三产业在小城镇难以有较大发展，但在中等城市却大有可为。

第二，持有“妇女回厨房”观点的人，往往以日本为例，认为在工业化过程中应该让妇女离职回家。据他们说，一批已婚的和有小孩的女职工回家，将腾出工作岗位，让男性失业者有岗位，挣钱养家，如此既可以维持生活，又能把孩子带好，有什么不好呢。日本有日本的国情，这里不去评论。但就中国的国情而言，未必能搬用日本的方法。假定女方退职回家，男性就业者的工资能否相应提高呢？如果做不到这一点，家庭生活岂不是会困难么？再说，中国社会历来重男轻女，妇女的地位较低。中华人民共和国成立后，妇女参加工作，她们的地位相应地提高了，如果现在又让妇女退职回家，妇女能同意吗？

第三，失业的社会承受力究竟有多大？我在书中指出，这主要取决于三个因素。一是“取决于失业的社会保障制度的完善程度。如果失业的社会保障制度比较完善，失业的社会承受力就比较大，反之，就比较小”[①]。二是“取决于家庭抚养系数的大小。家庭抚养系数是指每一个就业者所抚养的人口数。家庭抚养系数越大，社会对失业的承受力就越小”[②]。三是“取决于生活费的上涨率。如果生活费上涨较快，上涨幅度较大，失业的社会承受力就较小，反之，就比较大”[③]。此外，还应当指出，失业时间的长短也影响着失业的社会承受力，即“失业者失业时间较短，那么失业的社会承受力就比较大。如果失业者失业时间较长，那么失业的社会承受力就比较小”[④]。

下面再谈我在《转型发展理论》一书中提出的第三个命题，即“经济增长分析比货币流量分析更有用”。

我在书中指出，当前经济学界有一些人往往迷信货币流量分析。概括地说，他们总认为，重点在于需求分析而不在于供给分析，在于流量分析而不在于存量分析，在于近期分析而不在于长期分析。这样，货币流量分析通常就被认为是

① 厉以宁：《转型发展理论》，同心出版社，1996，第93页。
② 同上。
③ 同上。
④ 同上。

首要的，而经济增长分析相形之下退居次要地位，至少不像货币流量分析那样受到偏爱。

要知道，在经济增长分析中，根据中国转型发展时期的特征，不仅要突出制度分析的重要性，而且要突出结构分析的重要性。在转型发展时期，为什么会有物价上涨的压力，以及为什么会有失业增加的压力，全都同体制转轨有关。在计划经济阶段，不是没有通货膨胀，而是存在着隐蔽的通货膨胀，物价表面上没有上涨，实际上有钱买不到东西。隐蔽的通货膨胀表现为供给不足、供给短缺。同样的道理，在计划经济阶段，不是没有失业，而是存在着隐蔽的失业，比如说，广大农村形式上是充分就业的，实际上劳动力闲置在农村。城市也一样，企业中人浮于事，无活可干；城市里的待业青年找不到工作，就集体下乡插队。我在书中举例说，体制转轨时期，被长期压制的物价放开了，被长期束缚在农村的劳动者得到流动的自由，出来寻找工作，正如用手往水缸里摁皮球一样，手一松，皮球冒上来是不可避免的。两只皮球原来是双手各摁一只就摁下去了。一只皮球是物价上涨，另一只皮球是失业者，包括从农村外出找工作而尚未找到工作的人。现在，物价上涨和失业人数增加，这两只“皮球”再也摁不下去了，最终都浮到水面上。这就是转轨时期中国的国情。研究西方市场经济国家国情的学者专家们，不深入中国的社会实际，只着重货币流量分析，怎么能解释中国通货膨胀和失业的基本原因呢？因此，在中国转型发展过程中，至关重要的是弄清楚中国通货膨胀和失业存在的原因，唯有通过深化改革才能对症下药，而决不能以为从货币流量分析出发，一见到通货膨胀率高，就觉得要紧缩、紧缩、紧缩，那样不仅解决不了通货膨胀问题，而且难以解决就业问题。

这就是我在1996年出版的《转型发展理论》一书中所阐述的基本观点。

## 五

果然，到1996年夏季，过度金融紧缩的后遗症一个又一个地暴露出来。

后遗症之一是："三角债""多角债""连环债"依然存在。虽然采取了前面提到的"注资解套""灌水解套"的做法，但效果不大，虽然旧的"三角债"解套了，但新的债务链继续形成，许多企业，包括国有企业和民营企业都因流动资金不足而陷于困难境地。

后遗症之二是：一些企业受"三角债""多角债""连环债"的拖累，因资金链和产业链断裂而倒闭。企业是最害怕资金链和产业链断裂的，这些链条一旦断裂，就会把企业推上绝路。

后遗症之三是：国有企业的股份制改革由于受到市场销路不好、工人下岗人数增加、裁员困难增大的影响，纷纷放慢了步伐，担心因继续大规模资产重组、合并而造成更多的失业。

后遗症之四是：经济领域内各种问题的滋生使得投资者

对公司上市的观望程度提高，公司上市也非20世纪90年代初可比，这对于中国的金融市场有着不可忽视的影响，即本来公司上市会开辟一条融资新路，增加直接融资，但投资者信心的下降，使这条融资新路遇到了障碍，结果仍然只有一条路可走，那就是继续依赖银行贷款，依赖间接融资。

在这种情况下，一些经济学家提出，当前必须防止通货紧缩现象的出现。通货紧缩的害处不低于通货膨胀。通货膨胀严重，会引起社会动荡不安，这一点，许多人都懂得，但通货紧缩的后果是什么，许多人还不清楚。其实，如果真的陷入通货紧缩，经济增长率会大幅度下降，企业纷纷倒闭，失业增加，那时要走出通货紧缩，同样没有那么容易。

1997年快到了。1997年，在中国共产党第十五次全国代表大会即将召开之际，经济学界越来越多的人认为，金融紧缩过度的状况该结束了。大家都寄望金融放松些，避免发生通货紧缩现象。

# 第六章

## 人情道德一楼中

——《超越市场与超越政府：论道德力量在经济中的作用》一书的出版

# 二

前面已经提到，我在北京大学经济系毕业后，被分配在经济系资料室工作，专业方向是外国经济史。具体的工作任务有两项，一是把苏联经济史专家波梁斯基所著的《外国经济史（封建主义时代）》一书从俄语翻译成中文，二是把美国和英国出版的经济史杂志上历年发表的论文做成卡片，每篇论文一张卡片，卡片上注明作者、论文题目、发表刊物名称和发表时间，然后再用中文写出简明的内容摘要。两项工作的结果都是供我的指导老师周炳琳教授和陈振汉教授参考的。我很认真地工作，得到了两位老师的赞赏。《外国经济史（封建主义时代）》一书由三联书店出版，署名是"北京大学经济史经济学说史教研室"。经济史论文卡片的整理工作一直到我1958年下放到北京京西矿区（后改为门头沟区）农村才结束。正是从这个时候开始，我才接触到有关西方经济史的许多著作，我对中世纪西欧的集市贸易、手工业行会的形成、中世纪城市的兴起才有了较多的认识，才对道德力量在经济中的作用有了初步的了解。

但我当时并没有专门研究道德力量调节作用的打算。我着手研究道德力量在经济中的作用问题是在20世纪90年代中期。《超越市场与超越政府：论道德力量在经济中的作用》一书出版于1999年。这同邓小平南方谈话有关。当时，中国经济体制改革开始，计划经济体制向社会主义市场经济体制转变。市场调节被认为是第一种调节，政府调节被认为是第二种调节。我由此考虑到，有没有第三种调节？难道仅有市场调节和政府调节两种调节吗？

我不由自主地想探寻市场究竟出现了多久。我想至多不过几千年。几千年前，在原始社会接近解体的时候，部落和部落之间出现了物物交换，因为那时还没有货币。那就是说，在距今几千年前，才有了市场交易。政府是什么时候出现的？可能比市场还要晚一些。因为最早的政府不可能早于市场。但是，人类的历史有多久，那就很难说了，也有上万年。请问，在市场和政府出现以前的漫长岁月里，没有市场就不会有市场调节，没有政府也不会有政府调节，那么人类社会靠什么来调节呢？以食品分配为例，一个部落，或一个氏族，在食物有限的条件下，如何分配食品是一个关乎本部落、本氏族生活存在的头等大事，一定要有一个大家服从的分配规矩，而这种分配规矩实际上是靠道德力量起作用来推行的，否则，老人、小孩就会饿死。久而久之，一个部落或一个氏族中，这种分配规矩就成为共同遵守的惯例，而惯例是祖传下来的，其基础依然是道德的力量。这正如我1999年撰写的《超越市场与超越政府：论道德力量在经济中的作用》中所指出的："在交换出现以前的长时间内，以及在部落与部落之间的交换出现之后的一个部落内部，支配着人与人之间或部落内部的资源配置的，既不可能是市场力量，也不可能是政府力量，那又是什么呢？只能是一种习惯力量或道德力量。习惯力量或道德力量形成一种文化传统，被人们普遍认同并且共同遵守，人们依靠这种文化传统来调整彼此之间的关系，处理彼此之间的关系。”①假定部落或氏族中有些人违背已经形成的传统，资源配置紊乱无序，那只会引起部落或氏族内部的不稳定，破坏人们所接受的秩序，结果将造成一场灾难。

由此可见，第三种调节是肯定存在的，而且其历史大大早于市场调节（第一种调节）和政府调节（第二种调节）。在市场调节和政府调节都还不曾出现的时候，道德力量的调节（第三种调节）是唯一的调节。

## 二

那么，在市场和政府出现之后，由于有了市场调节和政府调节，是不是就不需要道德力量的调节了呢？或者说，道德力量的调节是不是就退出历史舞台了呢？其实并非如此，道德力量调节不仅继续存在，而且还产生了市场调节和政府调节所起不了的作用。

一种情况是，即使有了市场和市场调节，又有了政府和政府调节，但在某个山村，某个偏远地区，或某个小海岛上，市场的力量往往是达不到的，政府的调节也往往是鞭长莫及的，然而，这些地方的居民照常生产，照常生活，他们靠的是文化传统，遵循的是道德习俗。

另一种情况是，在大动乱的年代，如外族入侵，或诸侯

① 厉以宁：《超越市场与超越政府：论道德力量在经济中的作用》（修订版），经济科学出版社，2010，第3页。

割据、混战，或地方作乱，攻城略地。中国有句古话，叫“小乱居城，大乱居乡”。发生小动乱的时候，乡下人往城里逃，投亲靠友，因为城市有城墙，有兵把守，比较安全，所以“小乱居城”。大动乱发生时，城里人往乡下跑，越偏僻越好，因为城市是兵家必争之地，乱兵一包围城市，断粮、断水，火攻、水淹，破城之后，有时还屠城，所以大动乱年代，城里人不得不到乡下躲避，到山沟里躲避。在大动乱的年代里，市场是失灵的，哪有什么市场调节可言？政府是瘫痪的，也不会有什么政府调节。但人们存活下来，躲过了这一劫。人们是怎样生活下来的？靠的是道德力量的调节，也就是习俗传统的调节。

再说，在市场调节和政府调节发生作用的环境中，道德力量的调节实际上是配合市场调节和政府调节而起作用的。如果仅仅有市场调节而缺少市场主体（自然人和企业）的道德力量调节，人们和企业全都不讲诚信，不讲信用，市场肯定是无序的、混乱不堪的，市场也肯定是低效率的，甚至是无效率的。同样的道理，如果仅仅有政府调节而缺少调节者（政府部门的工作人员）的道德力量调节，政府和政府工作人员不讲诚信，不讲信用，不照承诺去做，政府调节无疑也会低效率、无效率，甚至负效率。这就清楚地表明：在没有市场调节和政府调节的情况下，道德力量调节是唯一的调节，而在有了市场调节和政府调节后，如果市场主体没有道德力量的约束，市场主体不讲信用，不履行承诺，市场还有什么秩序可言？如果政府和政府工作人员没有道德力量的约束，政府和政府工作人员不守信用，任意撕毁合同，谁还会信任政府，政府调节还能发挥什么作用?

最后还应当指出，社会生活是一个大领域，交易活动只是这个大领域的一小部分。这个大领域的另外部分是非交易活动。非交易活动是广泛的，包括家庭关系、家族关系、街坊邻居关系、同乡关系、同事关系、同学关系、师生关系、亲戚朋友关系、社交活动、学术活动、公益活动、宗教活动、文化娱乐活动等。交易活动是按市场规则办事的，市场调节在交易活动中发挥作用，而非交易活动则不按市场规则办事，市场调节在非交易活动领域内是不起作用的。那么，政府调节是不是在非交易活动领域内起作用呢?并非如此。政府只是在非交易活动的领域内对各种关系设置法律的界限。比如说，对于家庭关系，政府一般并不过问，但如果其越过了法律的底线，如殴打配偶、虐待父母、虐待儿童，政府就要干预，因为这触犯了法律、法规。又如，对于宗教活动，政府一般是不干预的，但如果其触犯了法律、法规，有违法行为，政府就会干预，依法处理。

由此可见，在交易活动中，市场调节是起作用的，政府调节同样起作用，但都需要道德力量调节与其相配合。而在非交易活动领域，既不按市场规则办事，政府调节又只是规定不得触犯法律的底线，所以非交易活动领域实际上是道德力量调节的领域，是习俗惯例起作用的天地。这表明，道德力量调节和习俗惯例调节的范围比市场调节和政府调节广阔得多。

# 三

市场调节通常被认为是一只无形之手，靠市场供求定律发挥作用。

政府调节通常被认为是一只有形之手，靠法律、法规、政策、规章制度发挥作用。

那么，道德力量调节呢？它是介于无形之手和有形之手之间的，它兼有无形之手和有形之手的特点。可以说，道德力量调节“既是有形又无形，既是无形却有形”。

比如说，自律和自勉是道德力量调节中一种重要的手段，但自律和自勉都是无形的。自律是指对个人行为的一种约束。个人在社会上决不要做违法违规违纪的事情，不要受任何诱惑。也就是说，个人要时时刻刻保持警惕，决不越过法律的底线和道德的底线。自勉同样是对自身行为的一种约束，即在遇到挫折的时候，不要消极，不要灰心丧气，不要失望、绝望，要不断鼓励自己，努力进取。自律是无形的，自勉同样是无形的。

作为道德力量调节中的另一种重要手段——文化建设，却是有形的。例如校园文化建设、社区文化建设、企业文化建设等，都是有形的。所有这些文化建设，都以培育认同感为目标之一。认同会产生凝聚力，产生责任感，产生信心。以企业文化建设来说，有了认同，凝聚力、责任感和信心就产生了，企业的竞争力就增强了，企业的前景就会更加美好。文化建设是有形的，但文化建设的精神力量依然是无形的，因为它不可能脱离校园、社区和企业而单独形成，它的基础就是每一个成员的责任感。

再说，或者无形或者有形的，是乡规民约。乡规民约可能是某些乡村历朝历代传下来的，有的用石碑刻下来放在村内，有的在木板上写了下来，放在祠堂里或其他场所，都是勉励或告诫后代的话。从这个意义上说，乡规民约是有形的。但这只是外表的形式，乡规民约所蕴含的道德约束或道德勉励，则一直是无形的。还有，有些乡村的乡规民约，从来都是口头代代传承的话语，后代都牢记着，不立碑，也不竖立木板条，不刻上文字，那就纯粹是无形的。

不管怎样，乡规民约可能兼有无形和有形的特点，但这无关紧要。紧要的是，乡规民约在许多国家的乡村中都以不同形式存在，至今仍起着道德力量调节的作用。

## 四

经济学是研究效率的。但一般的经济学书籍中没有提及效率有两个基础的问题。我在《超越市场与超越政府：论道德力量在经济中的作用》一书中讨论了效率的双重基础，即效率既有物质技术基础，又有道德基础[①]。这两个基础是并存的。

① 厉以宁：《超越市场与超越政府：论道德力量在经济中的作用》（修订版），经济科学出版社，2010，第65页。

效率的物质技术基础，由一定的厂房、生产设备和原材料，一定的技术条件和具有一定技术水平的工作者，以及一定的社会基础设施（如交通运输设施、通信设施、供水供热设施、能源供应设施）所构成。但仅仅有物质技术基础只能产生常规效率，只有具备了效率的道德基础，才能产生超常规效率。这是因为，工作者是活生生的人，他们有思想，有主张，有感情，也有目标。对待生活，他们可能持这种或那种态度；对待工作，他们可能热情，也可能冷漠。加之他们一个个都不是孤立的人，他们同其他人交往，构成各种各样的人际关系，而这些关系的协调程度是不一样的。这一切成为效率的另一个基础，这就是效率的道德基础。超常规效率由此而产生。

不妨举三个例子。

一个例子是在反侵略战争时期。为什么这时的国民会有如此英勇的抗敌精神，有如此忘我的工作热情？这是效率的道德基础发挥了巨大的作用。

另一个例子是在特大自然灾害来临的时候，比如1998年长江发生特大洪水，2008年四川汶川发生特大地震的时候，国民为什么有这么无私的抗灾救灾精神，会连续抢救伤员而不顾休息，全国上下会如此慷慨捐赠？这都是效率的道德基础在发挥巨大作用。

第三个例子是历史上的移民社会通常有超常规的效率。历史上中原战乱期间，河南一带的居民分批结队南下，渡过长江，在江西鄱阳湖东岸鄱阳县境内集结，大家商量今后落脚于何处。有些家族决定留在江西，有些家族决定迁往广东，有些家族决定迁往福建，有些家族则决定迁往湖南或经过湖南迁往四川。他们在继续南下或西进时，都拟定了守则：到达移居地以后要同当地原有的居民和睦相处，不要欺凌当地原有的居民；告诫子孙后代要辛勤劳动，省吃俭用，相互友爱，诗书传家；告诫子孙要牢记自己出自中原某地，到了移民地之后不要忘本，要按规定祭祀祖先，该续写家谱的就续写家谱。最重要的是一定要守法，不吃喝嫖赌，不勾结当地坏人，不做违背祖训的事情。这些中原来的移民，逐渐形成了客家族群。客家人在南方的荒地上披荆斩棘，排水造田，他们战胜了恶劣的自然环境，克服了在蛮荒之地生活的种种困难，把乡村和城镇建设起来。

这样的例子在欧洲也有。从公元12世纪起，来自欧洲其他地方的移民就在尼德兰北部地区（今荷兰北部）从事垦荒事业，他们兴修水利，向海洋要土地，发展农牧业，并建立了水利会这样的群众自治性组织，把本来荒无人烟的地带变成了富庶的区域。

使我们感兴趣的是，无论中外，为什么移民社会或移民群体都表现出如此的高效率呢？这不归因于市场调节，因为在移民初创事业的时期并没有市场。这也不归因于政府调节，因为在中原移民进入蛮荒之地时，这些地区仍是荒无人烟，没有政府组织，当然也就没有政府调节。这种情况同样适用于公元12世纪以后欧洲各地的移民对荷兰北部的开发，市场调节和政府调节在荷兰北部的海滩地带都是不存在的。

换句话说，无论是中原移民在南下创业的过程中，还是欧洲迁往荷兰北部海滩的移民在开发海滩的过程中，高效率都不能不归因于道德力量的作用、凝聚力的作用、人的创造性的作用。“也许可以下这样一个结论：从历史上看，这些移民都是在超常规的客观条件下以超常规的主观力量来完成拓荒任务的，甚至移民们的社会组织也是超常规的。这些可以被看成是人类历史上的一种奇迹。如果没有相应的道德基础，就不可能有超常规的移民组织，也不可能有超常规的个人主观力量，从而也就不可能有超常规的效率。”①

## 五

《超越市场与超越政府：论道德力量在经济中的作用》一书的初稿写作于20世纪90年代中期，是先把初稿写在笔记本上，再汇编在一起成书的。该书第一版于1999年出版，第二版（修订版）于2010年出版。在这段时间，我到过几个省，进行了有关道德力量调节的考察，以及对民间习俗的调查。

在福建，尤其是闽北和闽西，我在客家人聚居的城镇和乡村做过调研，还写了一些诗词。

① 厉以宁：《超越市场与超越政府：论道德力量在经济中的作用》（修订版），经济科学出版社，2010，第69—70页。

**七绝**

**福建莆田，梅妃故里**

一九九六年

寂寞深宫懒抚琴，
闽山闽水有知音。
荒园落叶天涯去，
故里魂归夜夜心。

诗后有一小注：梅妃，传说姓江名采苹，唐明皇宠爱杨贵妃后，梅妃遭冷落，迁居上阳宫。据莆田人说，梅妃曾为家乡做过不少好事，所以莆田百姓至今仍然纪念她。

**浣溪沙**

**武夷山**

一九九六年

九曲通幽似画屏，
远山有影却无形，
浮云淡淡水盈盈。

滩下漩涡流更急，
竹排起伏又斜倾，
几人自若几人惊。

据当地干部告知，由河南南下的最早的移民，是在唐朝末年为避中原战乱而从江西鄱阳湖东岸迁到武夷山的。他们在武夷山下住了一段时间，逐渐发现闽西一带更适合定居，于是离开武夷山，散居于龙岩等地，后来又有一些人从这里迁到漳州和泉州。

### 渔歌子

福建泰宁（泰宁是闽西山区的一个县）

一九九六年

两岸青山雾渐收，
春江碧水小篷舟。
蕉叶绿，
柳丝柔，
一生几次画中游？

### 少年游

福建泰宁水上一线天

一九九六年

游湖赏景碧波平，
夹壁一船惊。
细心穿过，
霎时沉寂，
不顾漫山青。

人生知否前途险，
长似涧边行。
风雨无端，
补牢恨晚，
梦醒已孤茕。

过了两年，即1998年，我特地再次到闽西考察。龙岩土楼是客家文化的标志之一。

**浣溪沙**

**闽西龙岩土楼**

一九九八年

今日山村见古风，
人情道德一楼中。
乡邻和睦乐融融。

南渡屡经颠沛苦，
拓荒换得杏桃红。
客家凝聚力无穷。

我们一行从龙岩市向东，经过漳州，到达东山岛，然后经厦门返回北京。当我们到达东山岛时，东山岛已修了长堤同大陆相连。关帝庙是东山岛古迹，远近驰名。

## 鹧鸪天
## 福建东山岛
一九九八年

岛山初晴暖暖风，
新鲜芦笋味香浓。
晓来潮退沙滩白，
夜静船停渔火红。

云叠叠，雾重重，
海边景色古今同。
东山独有迷人处，
关庙钟声暮雨中。



## 六

1997年，我在湖北进行考察，同湖北的经济学界人士谈起清初湖北、湖南大批移民去四川之事。他们告诉我，湖北移民四川主要有两条通道：一是循长江而西，先到万县、重庆，再由重庆西迁；二是循汉水而上，先从襄阳到陕南，再越过大巴山到四川，或者经陕南汉中走川陕官道，去绵阳和成都。所以，至今陕南一带很多人有湖北口音，当地饮食也有不少湖北风味。这些都和当年“湖广填四川”有关。

离开武汉之前，我到新修的黄鹤楼观光，填了一首《西江月》。

## 西江月

### 黄鹤楼

一九九七年

往事如云飘过，
古今不变江流。
当年游客返南楼，
何处停船沽酒？

远看山重天淡，
梦回水冷清秋。
诗人若要写闲愁，
岂止残花败柳？

## 秋波媚

### 湖北宜昌至木鱼坪途中，路经昭君故里

一九九七年

青山碧水草萋萋，
飞蝶逐高低。
峰如屏障，
置身图画，
将信犹疑。

芦笙吹奏传村外，

老少换新衣。
谁家嫁娶？
彩灯悬挂，
正是佳期。

民间嫁娶，本是寻常事情，但发生于昭君故里，别有意义。想当初王嫱入宫之时，昭君故里究竟是什么情景，是喜是悲，是福是祸，谁能预料？

我和何玉春是在南京金陵中学的老同学、时任湖北省副省长韩南鹏的陪同下去鄂西考察的。过了昭君故里，就到了神农架。神农架海拔3000多米，是华中第一峰，传说有野人，又传野人常活动于奇石丛林之间。

## 临江仙
## 湖北神农架奇石

一九九七年

岭上深秋平地夏，
山腰依旧如春。
轻车载客出凡尘，
云低花更艳，
峡谷急流奔。

种种讹传难置信，
民间猜测纷纷。

野人或是避秦人，
怕听徭役事，
林密且藏身。

我们一行登上山顶，这里有大片箭竹林，便料想这里有熊猫栖息，但箭竹林已衰黄，熊猫可能已迁往他处觅食。

**清平乐**
**湖北神农架山顶**
一九九七年

群山环绕，
曲折泉边道。
云雾迷蒙人迹少，
路断何方寻找？

枯枝衰竹林间，
溪流横阻坡前。
行路仍须探路，
峰回定有新天。

下了神农架，汽车朝北驶去，到了道教圣地武当山。

## 七绝
## 武当山
一九九七年

日照寒泉映翠环，
云烟缭绕几重山。
休疑尘世无仙境，
圣地从来缥缈间。

下了武当山，先来到十堰，再到襄阳。这是我第二次来襄阳。第一次来襄阳，是从重庆返北京途中。1995年，我和何玉春在学生孟万和的陪同下，自重庆乘船过三峡至宜昌，再由宜昌乘火车北上，到达襄阳。当时沿途我也填了几首词。

## 卜算子
## 白帝城
一九九五年

仓促失荆州，
难抑心中愤。
千里亲征为复仇，
胜败何须问。

大火破阵营，

郁郁山城困。
一意孤行总误人，
留下无穷恨。

词后有一小注：史载，公元222年，刘备兵败夷陵，退守白帝城，不回成都，次年病逝于城西永安宫，子刘禅继位。

### 潇湘神
### 过三峡

一九九五年

江水东，
江水东，
巫山何处觅仙踪？
神女有灵应后悔，
君王恩爱总成空。

### 诉衷情
### 湖北宜昌夷陵，三国时陆逊击败刘备处

一九九五年

日斜风定雾云开，
登上古亭台。
帆影远方初现，

滚滚大江来。

吴蜀事，
早沉埋，
为谁哀？
往年陈迹，
遍地黄花，
新树新栽。

## 菩萨蛮

### 游襄阳隆中有感

一九九五年

胸怀全局锦囊在，
一城难定胜和败。
谋划正从容，
夺旗靠进攻。

攻中自有守，
牵敌纵横走。
劣势莫心摇，
对方兵已骄。

词后有一小注：这是作者应邀在襄阳隆中诸葛亮故居内的题词。

1997年，我们下武当山后，先到十堰，再到襄阳。两年之间，襄阳市容已有很大变化。为此，我写了一首七律。

**七律**

**时隔两年，重到襄阳**

一九九七年

双桥争跨汉江流，
一路鲜花伴客流。
车队延绵通蜀郡，
商家忙碌下荆州。
垂杨广植城中静，
古迹重修四野出。
燕子归来应不识，
旧街今又建新楼。

**柳梢青**

**襄阳米公祠**

一九九七年

记得当初，
学颜学柳，
照帖临摹。
长悔无恒，
时时断续，

能不荒疏?

从今只剩唏嘘,
待提笔、总难自如。
多谢盛情,
米公祠内,
何敢言书。

词后有一小注:米芾,北宋书法家,世居山西太原,后迁至湖北襄阳。

## 七

1996年我在福建对客家人移民的调研,以及1997年我在湖北西部对清朝初年“湖广填四川”的考察,都对《超越市场与超越政府:论道德力量在经济中的作用》书稿的写作有不少帮助。

唐朝末年河南一带居民南迁,来到江西、福建、广东等地,同清朝初年湖北、湖南的居民西迁到四川,都是大规模的移民行动,但它们之间有相当大的区别。区别在于:唐朝末年河南人南下,是为了避开中原战乱,这是长达数十年,甚至上百年(直到五代结束,宋朝统一中原)的移民过程,是纯属自发的移民。唐朝末年,政府已经极度衰落,移民的南下不是政府组织的,他们最初也没有固定的目标地点,只是边走边寻找合适的居住地。而且他们落脚的土地是没有业主的荒地，要靠移民自行组织起来，开垦荒地，新建村寨，维持生活。而清朝初年“湖广填四川”却不一样，那是政府做出移民决策，并且交由地方政府具体组织的一次大规模移民，目标地区也很明确，就是四川。移民所要耕作的土地，不是未开垦的荒地，而是明朝末年因张献忠在四川大肆杀害当地的居民，以致人口大量死亡，或原住民被迫逃往异地而无人耕种的土地，也就是说，从湖北、湖南迁到四川的移民所耕种的土地，不是生荒地，而是已被开垦出来，曾经生产过粮食，但没有人继承的土地。

尽管唐末、五代时期中原迁向福建、江西、广东的移民同清朝初年“湖广填四川”的移民有上述区别，但在移民过程中，以及迁移到新土地之上的社会组织和村民自治的情形大体上是相似的，即道德力量调节在社会经济中的作用是一致的。没有移民的互助合作，没有移民的相互照应，没有移民中公推出来的、热心的、负责的领头人，是不可能把移民带到想去的地方的。到了落脚的地方后，农田的开垦和耕作、村落的建设、道路的修整，以及村寨的维护，又仰仗着领导人的策划和主持工作。这些都是移民在新地区安居乐业的前提。

1999年春节的前几天，我和何玉春又应广东省民盟的邀请，到粤北韶关市境内进行考察。从江西南部经过梅岭到达南雄珠玑巷，是又一条移民路线，这条路线早在唐朝就有了，但兴盛却在宋朝以后，直到明清。珠玑巷是一个著名的古镇，位于梅岭以南。来自中原的移民，走石板小道翻越梅岭以后，抵达珠玑巷，再经过南雄，顺北江而下。珠玑巷内一排排祠堂记录着今日珠江三角洲许多家庭的祖先经珠玑巷南迁的足迹。

在梅岭和南雄珠玑巷，我填了两首词。

**采桑子**

**冬日登梅岭忆陈毅同志诗有感**

一九九九年

花香百里坡南北，
不怨春迟，
独秀寒枝，
笑对西风刺骨时。

将军落难梅关下，
思绪飞驰，
慷慨吟诗，
振奋泉台十万师。

词后有一小注：梅岭山麓有石碑，刻有陈毅同志的诗。

**木兰花**

**广东南雄珠玑巷**

一九九九年

千年古镇珠玑巷，
石道依稀唐宋样。
流民避难过山来，
一步一停回首望。

冬寒照旧梅花放，
家族同心人气旺。
岭南处处可容身，
红日虽沉星月亮。

可见，中国国内的移民途径是多种多样的，从来没有某种统一的模式。但在移民过程中，特别是移民在新地区的创业活动中，却有一个共同的特点：道德力量调节是处处存在的。

# 第七章

## 雨停始见莺飞，花开全赖风微

——论有为出自无为

## 一

20世纪90年代初我曾经两次到甘肃兰州：一次是从内蒙古呼和浩特去的，途经银川；另一次是从北京直接乘火车到兰州，再由兰州到天水，参观了麦积山石窟，然后由天水去了西安。河西走廊我去过，拉卜楞去过，天水也去过。下一次该去的应当是兰州以东的定西、平凉和庆阳一带。为什么这么说？因为定西、平凉都是甘肃出了名的贫困地区。从定西到平凉，中间还要穿过宁夏固原的六盘山地区，那更是穷地方。如果要对国内扶贫工作有深刻的领会，一定要到定西、平凉一带进行调研。

这时，恰好有一个机会可以让我到定西和平凉，这就是民盟中央准备到那里考察。费孝通主席一直把定西作为自己的点，他曾经去过多次。现在民盟中央要组织一个调研组去看看定西和平凉近几年来的变化，他们想请我带队去，我同意了。于是我们在2004年8月上旬飞抵兰州，然后乘汽车去定西。

在定西，我们先到大坪村和赵家铺村进行调研。定西一带降水量很少，常年干旱，居民饮水、生活用水都很困难，多年来这种情形一直未变，直到近年来政府推行“121”规划，居民的生活和生产状况才发生了巨大变化。

这里所说的“121”规划包括如下内容：

“1”是指每户一口沼气池。在厨房里就可以用沼气烧水、做菜、做饭，再也不必上山砍柴或买煤，既省钱，又保护生态。

“2”是指每户两口水窖。水窖是挖出来的，并且用水泥把水窖的周边砌好，不漏水。然后在每户屋檐下装好新水管，把雨水输送到水窖内。为什么要挖两口水窖？农民说，一口盛干净水，以供饮用和做饭，另一口盛一般的水，冬天把积雪也铲到这里，让雪化掉，用于牲口饮水，或浇灌屋内的树，或冲洗庭院。

还有一个“1”是指每户在院子内修一个100平方米左右的水泥平地，用于晒稻谷、晒麦子、晒玉米，这样不至于把收到的粮食搞脏，浪费粮食。冬天下雪时，水泥平地上的积雪容易被铲干净，倒入水窖。

三者加在一起就叫作“121”工程。

至于农作物的种植也做了调整。距离家远的山坡地，不再种粮食，改种紫花苜蓿。这是因为种粮食太费劲，山坡种粮食，距家远，每天来回就累人，改种紫花苜蓿，作为饲料，每隔一段时间上一次山去割紫花苜蓿，牛羊有了饲料，也都改为圈养。这样，牲畜粪便也多了，农户可以给家附近的粮田施足有机肥，增加收成，这岂不是可以把山坡不种粮食、改种紫花苜蓿而导致粮田少收的损失全补回来了吗？再说，紫花苜蓿是耐干旱的，而种粮食是耗水的，定西这一带水资源不足，在山坡地的粮田上改种紫花苜蓿，岂不是更好？

在定西农村考察后，我们都感到很兴奋，因为农户饮水、用水的难题解决了，农户增产增收的难题也解决了。我们都为农户高兴。

在离开定西赵家铺村时，我即兴题了一首《采桑子》。

**采桑子**

甘肃定西赵家铺村

二〇〇四年

常年无雨陇东地，
沙土飞扬，
树死田荒，
络绎饥民奔异乡。

退耕还草重规划，
户户牛羊，
水窖流长，
沼气燃红饭菜香。

## 二

从定西往东，我们穿过宁夏回族自治区，这里归宁夏固原管辖，是六盘山区。在我的印象中，不仅定西荒凉，六盘山区也一样荒凉，但当我们乘坐的汽车驶进六盘山区时，却发现这里绿树满坡，见不到荒凉的迹象。正如甘肃定西变了样，六盘山区也变了。汽车在六盘山麓的农村路口停了下来，只见几块大木牌钉在路旁，内容无非“防止火灾”“禁止吸烟”“严禁偷伐偷运木材”等。村里看不到青年男女，全是年纪较大的农民，一打听，原来年轻人全到宝鸡、西安等地务工了。

汽车继续向东驶去，到了平凉。平凉毕竟是一个古城、名城，虽然中华人民共和国成立前久经战乱，灾情不断，但改革开放以来，政府一直着重发展经济和改善民生，所以经济状况还算不错，纺织、皮革、地毯等工业比较发达，市面也比较繁荣。

平凉境内的崆峒山，是道教名山。武侠小说中常有关于“崆峒派”的描述，看来习武之人在山上修炼不是误传。

在崆峒山上，我填了一首《清平乐》。

**清平乐**

**甘肃崆峒山**

二〇〇四年

台阶几许，
百鸟啾啾语。
万物竞生来又去，
无序悠然有序。

雨停始见莺飞，
花开全赖风微。
乐业安居处处，
有为出自无为。

我自己很喜欢这首词，我认为词中最重要的是这两句：一是“无序悠然有序”，二是“有为出自无为”。

世上万物竞生，花开花落，春去秋来，树老枯死，新苗继续生长。大千世界，看似无序，实际上都是有序的。有序实际是符合客观规律的，生生死死，有去有来。无论什么宗教，什么道长，什么高僧，都不能违背客观规律行事。悟道，就是领悟“无序悠然有序”的道理。

有为和无为也是相依的。大雨倾盆，谁能看到莺飞？狂风大作，谁能见到花开？和风细雨，万物相安共处。有为的前提是必须有所不为。看似无为，实际上是为有为做准备，所以说“有为出自无为”。任何想有所作为的人，不能不悟透这个道理。

## 三

从平凉再向东，到了庆阳。这里是甘肃最东端。近年来，庆阳发展很快，成为陇东的工业城市，主要原因是这里发现了石油。由于石油的开采、提炼、运输，外来人口纷纷来到这里工作，由此，庆阳和陕北一起成为大有希望的新工业中心。

实际上，近几年庆阳的农村也发生了很大变化。香包成为庆阳手工业品的代表。我们在农村考察，发现家家户户都在绣香包；在城区考察，发现大街小巷许多店铺都在出售香包，大街两边摆地摊的，也在卖香包。香包工场收到的订单不少，还有一些是销往国外的。

在庆阳，无论是在城区还是在农村，到处都是建筑工地。有的工厂在扩建，但更多的是新建的工厂。城区的商场也在扩大，更多的外来务工者需要住所，因此职工宿舍和廉价的出租房都不愁没有购买者和租赁者。庆阳农村也忙于建新房、扩建旧房。从城乡互动的角度看，庆阳是一个很有代表性的例证：石油工业带动了庆阳的经济，庆阳农村居民的增产增收又带动了农村的新房建设和旧房改造。城乡相互促进使庆阳形成了不同于定西，也不同于平凉的特色。

在庆阳，我填了一首《巫山一段云》。

**巫山一段云**

**甘肃庆阳农村**

二〇〇四年

植树沟渠畔，
牧羊大路旁。
梯田逐级上平冈，
村内水流长。

巧手荷包艳，
家厨豌豆香。
盖房筹划卖新粮，
禾叶几时黄？

在庆阳，我们还参观了周祖陵。周祖陵埋葬的是周朝王室的祖先。下面这首《如梦令》，就是在参观周祖陵时所填的。

**如梦令**

**周祖陵，甘肃庆阳**

二〇〇四年

转向农耕村住，
姬姓尊崇先祖，
后世渐昌隆，
得道自然天助。
敲敲，
敲敲，
保佑前程无阻。

## 四

离开庆阳，我们就结束了此次在甘肃东部地区的考察。回顾从兰州往东，经定西、平凉到庆阳这一路，我对于西北地区的扶贫工作有了更多的感想。定西、平凉和庆阳三市的领导几乎都谈到了一个问题，那就是：扶贫不易，但不让已脱贫的农民再“返贫”，则更加困难。他们在这方面是有体验的。

据他们介绍，“返贫”的原因很多。大体上有以下七个原因：

第一，受到严重的自然灾害的打击，包括地震、暴雨引起的泥石流和河水泛滥，长期旱灾等。农民家底很薄，经受不了自然灾害的打击，灾害一来，好不容易才脱贫的农户，马上就“返贫”了。甚至，农户还经不起一场火灾，自家火灾可防可控，如果邻家发生火灾，就受连累，总共只有那么一点点家底，一烧就烧光了。

第二，家中主要劳动力因重大事故不幸受伤甚至丧生，家里马上就会“返贫”。

第三，家中有人患重病，全家因此陷入困境。农民也谈到了这样的情况，他们说：“怕家里出现长期卧病在床的人，包括老年人、成年人和孩子。”一人患病，全家不安。他们住在乡下，医疗设施差，医疗水平差，药物不够用。如果要到县里或市里看病，家里人要陪着，要在城里找亲戚朋友家暂住，这都是靠人情，欠了人情债，怎么还得清？花的路费、诊费、药费，日子久了不计其数，怎么不“返贫”？

第四，乡村陋习多，谁都躲不过去。比如说，同村人有婚丧嫁娶、红白喜事的，都得送份子钱，一份起码10元，多则几十元，甚至100元。一个月如果有两三次，送份子钱都能把人送穷。有的村子里的年轻人到外面务工，过年过节也不回村里、家里看看。为什么？理由之一是怕送礼，怕送份子钱，礼送不起，份子钱也送不起。

第五，家里有人染上了嫖娼、赌博、吸毒这些恶习，即使已经脱贫，也会很快就“返贫”。当地干部告诉我们，甘肃还是贩毒、制毒的重灾区。一家人中，只要有一个人染上毒瘾，就会陷入债务纠纷。怎样办？要么被债权人逼到无路可走，债上加债，要么逃到外地躲债，置家人于不顾。

第六，在某些乡村，男多女少，男的不少是光棍，找不到配偶，而且即使找到了配偶，又需要花钱下聘礼。钱从哪里筹集呢？只好借高利贷，但高利贷利率高得惊人。而不借高利贷，简直结不了婚。如果借了高利贷，那就被债务拴住了，一辈子也别想把债务还清。

第七，上当受骗的事件不在少数。农民由于知识贫乏，又缺乏社会经验，因此经常会被诈骗。如听信传言，参与非法集资活动，或出钱做生意，结果上当、受骗，把自己手头的钱、家里的积蓄全赔光了。骗子是外地人，把农民的钱骗到手之后就溜走了。农民吃了哑巴亏，向谁去诉苦？向谁去讨债？

以上所说的七种情况，我想不仅存在于甘肃东部，其他许多地方一定也有。可见，“返贫”现象值得重视，值得想办法解决。

## 五

离开庆阳后，我们乘汽车到了陕西宝鸡。我曾经路过宝鸡，抵达兰州，那是1992年的事。当时，我应兰州铁路局之邀，赴兰州讲授铁路改革的设想。在火车经过宝鸡时，我在火车卧铺车厢内写了一首七律。

## 七律

### 由宝鸡至天水，沿渭水而上，有感而作

一九九二年

出兵斜谷贵神奇，
强似屯田渭水西。
诸葛多谋终有失，
魏延反骨本无稽。
是非易判旁观醒，
成见难除当局迷。
治国齐家须铭记，
疑人不用用何疑。

这次路过宝鸡，参观了法门寺。晚唐时期，社会动荡，一些皇族豪门子弟看到唐朝的气数已尽，天下必有大难，为保全性命，纷纷出家。我在参观法门寺之后，写了一首七绝。

## 七绝

### 陕西宝鸡法门寺

二〇〇四年

世道终衰战乱纷，
皇家子弟入空门。
红尘看破心如水，
只盼平安了此身。

结束甘肃、陕西之行，我们最终由西安乘机回北京。这次来西安，为唐明皇、杨贵妃的故事填了三首词，一首是在兴平写的，另外两首是在临潼写的。

**临江仙**

**过兴平有感，马嵬坡在兴平境内**

二〇〇四年

盛世骤然无影去，
击鼓动地渔阳。
九重惊破走仓皇。
今朝追悔晚，
当日贬忠良。

剑阁归来秋雨夜，
愁容泪落行行。
难回马嵬觅残妆。
梨园声已老，
抱恨卧空床。

词后有一小注：安史之乱，唐玄宗仓皇逃往四川，车过马嵬坡，为平息军中怨恨，赐死杨贵妃。

另外两首都是《采桑子》。

## 采桑子

### 华清池

二〇〇四年

海棠池上骊山月，
照遍天涯，
阅尽奢华，
默默送迎朝晚霞。

宫中纵有白头约，
镜里黄花，
水底流沙，
那似寻常百姓家。

已填《采桑子·华清池》一首，余兴未尽，在返回西安途中，在汽车上忆及［清］袁枚《七绝·马嵬》，再赋一首《采桑子》。

## 采桑子

### 再咏华清池

二〇〇四年

民间无有华清浴，
贫贱夫妻，
头白相依，

不似深宫步步疑。

民间更有征丁别，
泪湿裙衣，
死别生离，
老母悲嚎儿女啼。

词后有一小注：［清］袁枚《七绝·马嵬》："莫唱当年《长恨歌》，人间亦自有银河。石壕村里夫妻别，泪比长生殿上多。"

这次甘肃、陕西之行，正值暑假期间，所以把家住深圳的外孙厉澳、孙女厉莎都带去。其时厉澳9岁，厉莎6岁。他们两人都是自己乘飞机往返于深圳和北京的。民航有"无人陪伴儿童"服务，由空中小姐带领儿童登机、下机、出站。在北京，我和何玉春把两个小孩带到机场，交给空中小姐。他们被领上飞机后，我们就回去了。为此，我又填了一首《采桑子》。

**采桑子**

二〇〇四年

送厉澳（9岁）、厉莎（6岁）去机场，两人"无人陪伴"返深圳，代何玉春作。

当年儿女门前哭，
拥抱亲亲，

招手频频，
离别之情忆又新。

今朝我送孙儿走，
拥抱亲亲，
招手频频，
叮嘱途中照顾勤。

## 六

送走两个孩子后，我忙于参加董辅礽同志的纪念活动。

董辅礽同志曾任中国社会科学院经济研究所所长、名誉所长。在第七届全国人大、第八届全国人大时，他是全国人大常委会委员，并且是财经委员会副主任委员。第九届全国人大时，他转到全国政协，担任全国政协经济委员会副主任。

董辅礽同志学术造诣很深，对经济问题有不少独到的见解，总是站在改革开放的第一线，受到学术界的尊重。他也是北京大学光华管理学院的兼职教授。

董辅礽同志一向身体很好，冬天从不穿毛衣毛裤，哪怕下雪天，他依然是一件西装上衣，一条单裤。2003年，董辅礽同志患上重病，2004年逝世。我最后一次见到他是2003年10月15日，几天之后我受英国剑桥大学中国经济研究中心的邀请，前去讲学。他当时住在协和医院，见我来探望，就背靠着枕头，坐了起来，精神很好，仍同以前那样健谈。他告诉我，他的女儿在美国，是医生，也是研究人员，他准备去美国治病，与家人团聚。我向他告别，离开病房时，他说："我不送你了，希望我能很快从美国回来。"想不到这一别竟成永诀。

董辅礽同志的临终遗言之一是："我在武汉大学还有几位博士研究生尚未开题，请转给厉以宁教授继续指导，让他们完成学业。"又说："我的学生都是厉以宁的学生，即使他们已经毕业了，仍是厉以宁的学生。"我牢记着董辅礽同志的嘱咐，指导他们一一完成了博士学位论文的开题、写作、答辩。他们先后都取得了经济学博士学位。

由董辅礽同志转给我指导，并取得经济学博士学位的一共有七位同学，他们是：杨选、朱全涛、程志强、刘玉生、冯艾玲、刘宁和肖东华。

2005年，董辅礽同志逝世一周年之际，我写了一首七绝，以纪念这位挚友。

**七绝**

**纪念董辅礽逝世一周年**

二〇〇五年

少年空负神来笔，
临走愧书归去辞。
谁解冯唐心内苦，
黯然又是雪飘时。

诗后有一长注：董辅礽，著名经济学家，中国社会科学院经济研究所名誉所长，因病于2004年逝世，享年77岁。冯唐，汉文帝时为中郎署长，景帝时任楚相。汉武帝求贤良，有人举荐冯唐，但他已老，不能再做官。因此王勃在《滕王阁序》中有“时运不齐，命途多舛。冯唐易老，李广难封”之句。

董辅礽同志去世后，我总感到他逝世过早。77岁，对一个经济学家来说，仍是大有可为的年龄。小说家、诗人、音乐家或画家，都可能在年纪很轻时就有传世的作品，但经济学家却经常是晚熟的，因为经济学的创作并非依靠灵感，更不是靠激情。经济学家必须深入实际，而且经济学说正确与否，需要经过实践的检验。如果他再活10年，我想，他一定会有新的作品问世。

但谁能改变命运的安排呢？

# 附　录

中国经济学应加强历史研究和教学
中国发展需要弘扬优秀企业家精神

# 中国经济学应加强历史研究和教学

## 学好经济史和经济学说史，为经济学研究打下扎实的基础

我是1951年考入北京大学经济系的，学制四年。在这四年学习期间，除了有理论经济学课程（政治经济学、资本论、国民经济计划等）、应用经济学课程（会计学、统计学、财政学、工业经济学、企业管理学、农业经济学等）、外语（俄语或英语）课程以外，还有经济史和经济学说史课程。经济史课程和经济学说史课程分量都很重，而且都是著名教授授课。例如，经济学说史是一学年（大学三年级）的课程：大学三年级上学期由陈岱孙教授讲授，他从希腊、罗马、中世纪欧洲的经济思想讲到重商主义、古典政治经济学、重农学派；大学三年级下学期由陈岱孙教授和徐毓枬教授合讲，陈岱孙教授讲授新古典学派，徐毓枬教授讲授凯恩斯经济学。当时，同学们都感到考试有压力，但毕业后同学们回校团聚时都异口同声地说："经济学说史一课为我们打下了扎实的经济学基础。"

经济史也是重点课程。当时分为两门课：一门是中国近代经济史，由陈振汉教授、熊正文副教授主讲；另一门是西方经济史，由周炳琳教授主讲。中国近代经济史一课从鸦片

战争前清朝的闭关政策讲起，直到清朝被推翻后民国初期民族资本的兴起。西方经济史一课主要讲述欧洲封建社会向资本主义社会过渡的问题。

后来，北京大学经济学的教学内容又有所增加，当时我已经毕业留校，但能有机会旁听我在大学期间没有听过的新课。关于经济学说史方向的新课有：罗志如教授、胡代光教授和范家骧教授共同讲授的当代西方经济学说，他们把凯恩斯以后的西方经济学说补上了。新开设的课程还有赵靖教授的中国古代经济思想史。这些课都使我受益匪浅。

我自1955年大学毕业后留校工作，先担任资料员，后来又转入教师系列，历任助教、讲师、副教授、教授。我讲课的范围很广，包括西方经济史、比较经济史、西方经济学、西方经济学说史等。我也讲授过政治经济学（包括资本主义部分和社会主义部分）、《资本论》解读。教学实践中我深深感到，得益于经济史和经济学说史课程的地方很多。我至今仍承担着管理制度与管理哲学和比较经济史两门研究生课程。至于为大学生开设的欧洲经济史和西方宏观经济学说史两门课程，我都转给了留校博士生和博士后。他们在我的帮助下，已能独立授课并受到学生欢迎，我感到很高兴，很欣慰。

## 在当前的经济学教学中，存在着对经济史和经济学说史的重要性认识不足的错误倾向

令我感到不解的是，既然对经济学的学习者来说，经济

史和经济学说史如此重要，为什么国内这么多的大学经济系或专门的财经学院却不为大学生开设经济史课程和经济学说史课程呢？如果是由于要讲授的课程太多，所以就不开设经济史和经济学说史课程，那么为什么不把经济史和经济学说史先列为选修课呢？如果是因为能够讲授经济史和经济学说史的教师人数不足，那么为什么不挑选一些有基础的教师到某些已开设经济史和经济学说史课程的大学进修、培训呢？只要学校领导重视，问题总是可以解决的。我想，主要原因在于对经济史课程和经济学说史课程的重要性认识不足。

让我们从西方经济史的学习谈起。

学习西方经济史，对我们很有启发的是工业化如何开始的问题。要知道，近代工业或现代工业不同于古代工业或中世纪的工业。比如说，古代的希腊、罗马和西亚，古代的中国，以及中世纪的意大利各城邦，都有规模较大的造船业、采矿业和毛纺织业。但在当时，设备不是主要的投资对象，工业的发展同自然科学的进步并没有紧密的联系，有些地区虽然也利用了水力、风力和畜力，但这与工业化过程中使用蒸汽机，后来使用电力作为动力不一样。只有从这个角度看，工业化才是人类社会的一场真正的革命。

工业化是通过一系列巨额投资来实现的。最重要的是，谁是投资主体？他们为什么愿意投资？他们能够获得投资回报吗？他们投资所获得的财产能得到保障吗？这些都属于制度变革问题。因此，从西方国家工业化的进程看，工业化实际上就是一场制度改革的过程，产权迟早都应受到法律的保护，公有经济如此，非公有经济同样如此。

西方国家工业化的历史还清楚地说明资本是怎样积累起来的。有些西方国家在工业化开始以前就建立了商船队和舰队，向非洲、亚洲、拉丁美洲进行海外贸易，并以武力掠夺土地和财富，他们劫掠到的财富虽多，却并未用于国内的工业，而是继续用在商业和金融业中，以便继续扩大殖民化，掠夺当地的财富。他们掠夺到的海外财富，也有一部分是流入本国的，但主要用于建筑豪宅，购置庄园，或投资于商业、金融业。这些富有的商人当时是瞧不起那些从事工业特别是制造业的业主、作坊主的，他们不愿同这些小作坊主和技工为伍，认为这样会贬低自己的地位。在英国和法国，最初从事制造业的全都是小作坊主、熟练技工和有眼光的小商人。他们的资本来自何处？一靠自己的积蓄；二靠亲戚朋友的帮助和投资参股；三靠民间借贷，尽管利息不低，但创业者还能承受；四靠利润的再投资。过了一段时间，由于工业品供给增多，市场不断扩大，富裕的大商人才投资于大中型工业企业，更晚一些，金融业才有选择地介入制造业。

西方国家工业化初期技术人才不足的问题，又是如何得到缓解的呢？说得更明确些，最早的那些用于工业生产的机器设备，是谁设计和制造出来的？从英国、法国、荷兰等国工业化进展的历史来看，第一代工程师来自散布于国内城乡的工匠，如磨盘匠、钟表匠、织布匠、风车匠等，还有一些是肯动脑子、爱钻研问题的人。“爱动脑子”是他们共同的特征。

但是，为了生产出机器设备，仅仅有这些“爱动脑子”的人是不够的，还需要有更多的技工加入这支队伍。这些国家一般采取了下述三种方式：一是招收学徒，包括工厂招收学徒和有技能的师傅招收学徒（称个人学徒），两类学徒并存，常在一个工地干活；二是定期轮训，以提高技工和学徒的本领；三是设立职业技术学校，有公立的，也有私立的，以加快技工的培养。此外，不少国家还严禁技工到外国去工作，害怕技工把技术诀窍带到外国。他们通过海关严查，一旦查到有技工偷偷外移，就课以重税，或施以牢刑。

工业化开始后，需要体力劳动者，主要是农民。他们纷纷背井离乡，进入城镇寻找工作。他们的配偶（有时还有子女）也一起进城。但妇女在城里找工作是十分困难的，因为妇女的就业机会不多。这样，农民进城以后单靠男性打工赚钱，收入微薄，无法养家，渐渐连住房也租不起，孩子也上不了学，全家只能住在棚户里。妇女就业问题是如何得到缓解的呢？据经济史资料，多亏有了缝纫机。有了缝纫机，情况就发生了变化。有些投资者办起了服装厂，招收女工生产服装，包括童装和时装，或制造花边。缝纫机生产多了，价格下跌，于是有些家庭也可以购置缝纫机了，家庭妇女可以在家里为服装厂工作，进行服装等产品的加工，按件取得报酬。这样一来，农民进城后全家的收入增加了，他们也就安心地生活在城镇。在西方最早走上工业化道路的国家中，农村外出务工的第一代、第二代农民，在城镇中的生活是十分艰苦的，他们住棚户区，工资水平低，孩子受教育机会少，生病也无法及时就医。但随着工会运动的兴起以及工会为工人（包括农村来的务工者）的利益而力争，再加上社会对工人阶级状况的关注，工人的生活逐渐得到改善。加之农村人口减少后，农民人均收入也提高了，渐渐地，农村不再像工业化前期那样有那么多劳动力供应城市。农民外出的主要出路是美国、加拿大，或者是西方列强所控制的亚非国家。而填补西方工业国家劳动力的，则变为东欧、亚洲、非洲、拉丁美洲的移民。这种情况从19世纪后期就开始了，并延续了很长时间。

上述有关西方国家工业化前期的状况，对于正确理解当代西方经济学的思想具有重要的参考价值。



## 学习经济史，明白我们为什么选择马克思主义经济学

下面，让我们对中国经济史的研究做一些讨论。对中国经济史研究的热点问题很多，这里举这个问题进行探讨：中国的封建社会为什么这么长久？

从经济史的角度来看，一种社会制度是可以分为不同的体制的。西欧的封建社会是一种典型的模式、一种传统的体制。那里实行的是农奴制度，社会上大体分为两大阶级、两大阵营。贵族是统治阶级，以血统高贵为标志，世代相传。农奴是被统治阶级，是贱民，没有人身自由，世世代代为农奴。庄园是贵族领主的采邑，基本上是自给的，农奴服劳役，耕种土地，上交地租给贵族领主。

但由于商业和手工业的发展，在西欧封建制度下逐渐形成中世纪城市。城市力量逐渐壮大，终于形成同贵族领主对抗的格局。城市最后击败了贵族领主，赢得了自治权。城市

居民也逐渐分化，富裕的商人和作坊主成为资产者，贫穷的小手工业者和受雇的帮工和学徒成为无产者。城市和乡村（庄园）之间又经历了长期斗争，最终，王权兴起了，城市投靠了王权，王权和城市的联合击败了割据一方的贵族，形成了新的民族国家，西欧民族国家由封建社会过渡到资本主义社会。

中国的历史与西欧有很大差异。至少从东汉以后，历经魏晋南北朝，直到隋朝和唐朝前期，中国的封建社会都可以称为传统体制，因为在这一时期，社会上重血缘、重门第、重出身，豪门及其子弟掌权，庶民都被排斥于高官行列之外。虽然从隋朝起开始实行科举制度，但改变不了大姓、豪门、权贵的势力。安史之乱（755—763年）是中国历史上的一个转折点。安史之乱后，历经中晚唐五代，大约200年，这是中国封建社会体制发生转变的过渡期。华北和中原一带的大户名门先后遭叛军的洗劫，后来又因各地藩镇自立政权，藩镇为充实府第，向驻地富人豪族索钱索粮，于是大户人家纷纷逃难，不再成为能控制地方政局的势力。到公元960年，终于建立了宋朝。中国封建社会从宋朝起，开始从过去的传统体制逐渐转变为新的体制，也可以称为“改良的封建体制”。

从宋朝起，科举制度走向规范化，科举成为进入仕途的通道。只要用功读书，即使家世贫寒，也有做官的机会。同时，从宋朝起，土地可以买卖，商人可以买田，成为地主，而不像过去那样只有贵族和官员才能成为地主。

重科举而轻门第，土地可以自由买卖，是宋朝以后中国封建社会由传统体制过渡到改良的封建体制的两大标志。然而，科举制度可以延续，土地可以买卖，官僚家庭的败家子甚至可以把祖上留下的田产卖光，但这并不影响皇朝依然是皇朝。不管怎样，这种改良的封建体制从宋朝起又延续了大约一千年之久。

转变为改良的封建体制后，中国没有像西欧国家那样涌现出旨在建立资本主义制度的体制外异己力量（市民），中国出现的只不过是封建制度内的异己力量，如起义的农民军领袖、割据一方的军阀和皇室内部的篡位者。即使有些封建制度内的异己力量暂时得胜，甚至建立了新皇朝，但依旧是封建王朝。这就是中国封建社会为什么延续这样长久的主要原因。

把这个问题弄清楚了，我们就有可能了解中国为什么很难像西欧国家或美国那样发生资产阶级革命。一是中国封建社会的城市与西欧中世纪城市不同，中国封建社会的城市一直是皇权牢牢控制的政治中心，而不像西欧中世纪城市那样成为自治城市，成为资产者、作坊主和帮工们的据点。正是他们最终投靠王权，打垮了割据一方的贵族领主，从而走上资本主义道路。二是中国即使在康乾盛世，在有机会从西方国家引进科学技术和资产阶级政治思想时，仍始终唯我独尊，盲目自大。鸦片战争之后，中国又受到西方列强的压迫，割地赔款，丧权辱国，于是逐渐沦为半殖民地半封建社会。

资产阶级民主政治体制在中国是行不通的。清朝末期，中国的有志者一直在寻找出路，寻找可以拯救国家和民族的理论，但都没有成功。十月革命一声炮响给中国送来了马克思主义，为中国革命指明了方向。中国共产党带领人民经过长期艰苦奋斗，中华人民共和国终于诞生，这是历史的必然。

## 学习经济学说史，知晓西方经济学的局限性所在

让我们再转到经济学说史的方向来说明经济研究者懂得经济学说史的意义。

经济学大体上分为三大部分：一是宏观经济学，二是微观经济学，三是制度经济学。宏观经济学和微观经济学都采取数量分析方法，考察经济中有关变量之间的关系。二者的区别在于：宏观经济学以整个国民经济活动作为研究对象，采取总量分析方法；微观经济学以个别经济单位（企业、家庭、个人）和个别市场的经济活动作为研究对象，采取个量分析方法。除数量分析方法外，还存在非数量分析方法，以所谓“质”的问题作为对象的制度经济学，它强调制度、伦理、文化因素在经济生活中的作用，分析经济活动过程中的权力分配和利益集团的冲突，探讨经济行为的评价标准和选择原则等。但制度经济学在西方经济学说中一直处于非主流的地位。

西方经济学说虽然可以上溯到重商主义和官房经济学派，但无论是重商主义还是官房经济学派，在经济学方面都没有提出系统的理论，它们主要是考察十六七世纪前后西方国家的国际贸易政策、财政政策和财富积累的方法，很少涉

及以后的市场经济发展。

经济学说史界的专家们一般认为近现代经济学的形成是同工业化的启动连接在一起的，古典政治经济学的大师亚当·斯密无疑是古典学派的奠基人。这时的经济学还没有宏观经济学、微观经济学和制度经济学之分，亚当·斯密对这三个领域都有研究。他的追随者同他一样，既研究微观经济活动，也研究宏观经济活动，还研究制度、伦理、文化方面的问题。

古典政治经济学提出了劳动价值论、分工理论、市场理论等。亚当·斯密和他的追随者们是均衡论者。他们从工业化开始以后的实践中懂得，绝对均衡是做不到的，而且难以保持下去，只能做到相对均衡，关键是发挥市场的调节作用，供给和需求是相互依存、相互依赖的。因此，根据他们的理论，政府的任务主要是制定规则，维护市场秩序，清除经济增长中的障碍。他们还认为，对落后企业的淘汰不可避免，但谁来淘汰落后企业？不是政府，而是市场。

李嘉图是古典学派最后一位有影响的领军人物，劳动价值论仍是他所坚持的。但从19世纪中期以后，西方经济学舍弃了劳动价值论，代之以形形色色的价值理论，包括生产要素共同创造“价值”的说法，或者用“价格”代替“价值”。到了19世纪与20世纪相交的年份，以马歇尔为代表成立了新古典学派。新古典学派除了摒弃劳动价值论以外，仍坚持市场调节，反对政府对经济的干预。凯恩斯这时也是新古典学派的一员，他当时发表的著作都是同新古典学派一致的。

新古典学派的经济学说一直在西方经济学界居于主流地位。1929年美国爆发了空前严重的经济危机，失业浪潮也从美国推进到西欧和世界上其他许多国家，新古典学派提不出任何有效的政策。凯恩斯这时依旧保持新古典学派的观点，但他自1933年以后开始变化。1936年他的代表作《就业、利息和货币通论》出版，这本著作表明凯恩斯已从新古典学派的相对均衡理论家转为他自己的非均衡理论的鼓吹者。凯恩斯从需求角度着手分析，认为在资本主义条件下，需求不足难以避免，所以必须有政府的宏观经济调控，即利用财政政策和货币政策来维持社会经济的稳定。也就是说，在需求不足时，失业率高，这时可以采取刺激需求的宽松的财政或货币政策；在需求过大时，物价上涨，这时可以采取抑制需求的紧缩的财政或货币政策。第二次世界大战结束后，西方经济学中凯恩斯的非均衡理论成为主流经济学说，被许多国家所采纳。

凯恩斯经济学是以需求调节作为稳定经济的手段的。他认为，这是适应近期的政策。凯恩斯把供给研究视为中期理论，不包括在近期理论之内，所以他不考虑经济增长和结构调整问题。经济增长和结构调整都留给他的追随者继续研究。

凯恩斯需求调节政策的推行虽然能取得一定效果，但却给资本主义带来不少新的矛盾和难题，于是从20世纪50年代后期起，兴起了以美国芝加哥大学为中心的货币学派，弗里德曼和他的一批学生成为货币学派的主要代表人物。货币学派遵循西方经济自由主义传统，认为充分发挥市场调节作用，就可以使资本主义经济稳定。理由是：只要长时期内保持货币的中性，就可以通过货币数量的增减，既维持经济增长，又避免通货膨胀。关于失业问题，货币学派认为：经济中存在着自然失业率，失业率和通货膨胀率之间不存在此长彼消的关系，所以凯恩斯的需求调节主张是无根据的，也是无效的。

凯恩斯同货币学派之间的争论在最近几十年内一直未停止过，只是有时激烈，有时和缓而已。



## 对古典经济学“理性人”假说的反思

接着，让我们对西方古典经济学提出的“理性人”假说进行如下的反思。

从18世纪70年代起，以亚当·斯密为代表的西方古典经济学家都认为，在经济活动中每一个人都是“经济人”，也就是“理性人”，都追求最低成本和最大收益。他们认为，市场是“看不见的手”，暗中引导人们各得其所，结果使每一个交易者在市场秩序的安排下，既能增加个人利益，又能增加公共利益。这就是流传至今的“斯密教条”。因此，在西方经济学界，不少人始终维护“理性人”假设，认为这样就能使经济繁荣、社会稳定。

市场竞争中不可避免地会发生矛盾，甚至发生冲突，但古典经济学以及后来的新古典经济学都把冲突当作例外，认为这是短期现象，因为交易者谁都不希望市场秩序被破坏，否则对谁都没有好处。这样的想法被认为是“理性人”遵守的原则，没有人愿意违背它。

然而，随着工业化的推进和市场的不断扩大，企业与企业之间的矛盾越来越多，企业和劳工之间的冲突也越来越频繁，市场的不和谐出现了，而且经济的忽冷忽热成为惯例，从而，“理性人”假说失灵了。这种情况导致市场失灵，使交易者陷入困惑之中。

于是从20世纪50年代起，不少交易者转而倾向于“次优选择”。“次优选择”是指：既然最优是不现实的，不如退而求其次。于是交易者们不再继续坚持“最低成本”“最大利润”的理念，而倾向于“次优选择”。“经济人”或“理性人”假设让位于“社会人”或“现实人”假设，“次优选择”成为一种自保措施。

在消费领域内，信息越来越多，谁能掌握如此数量的信息？时间不允许，财力也不允许，从而对“较小遗憾”的追求替代了对“最大满足”的追求。

在投资领域内更是如此。投资领域内，谁能掌握那么多的信息？谁能在搜集到全部信息后再做出决策？不确定因素太多了。投资者不应当停留在“理性人”的框架内，必然会倾向于成为一个“现实人”。这就是：在同市场竞争对手较量时，要留有余地，不要搞得太紧张。“理性人”的观念可能起源于18—19世纪，至多可以延长到20世纪前半期。“现实人”的观念从20世纪后半期起就已渐渐处于上风，21世纪肯定是“现实人”的世界而不是“理性人”的世界。

由此可以肯定地说，无论是在消费领域内还是在投资领域内，“理性人”让位于“现实人”是必然的，而且这越来越被事实所证明。

那么，“现实人”最关心的是什么？不是“理性人”所坚持的“独赢”，而是同“次优选择”并存的“众赢”“共赢”。

具体地说，“现实人”的信条就是和解：与其同对手硬拼到底，不如各自后退一步。硬拼的结果可能是两败俱伤，是“双输”，而和解的结果，是合作，是双赢。和解的结果可能是多样化的：既可能是零和博弈，也可能是非零和博弈，一切因事而异，因地而异，因大形势而异。换言之，和解是斗争双方都能接受的结果。

由“现实人”（而不是古典学派所推崇的“经济人”或“理性人”）坚持的和解，主要有以下四种做法。

第一种做法：在发生市场纠纷或矛盾时，强势的一方给弱势的一方保留一个生存、生产经营、活动的领域，彼此相互信任，共同遵守谈判的成果。

第二种做法：强势一方把弱势一方作为合作伙伴，帮助后者改进技术和融资，以及培训技工和管理人员，以便生产新产品。这样，弱势一方不仅能生存下去，而且视强势一方为合伙者，如此它们之间的市场纠纷也就消失了。

第三种做法：强势一方扩展为一个集团公司，帮助弱势一方成为集团公司的成员。这样，弱势一方不仅能生存下来，继续发展，如果再出现纠纷，还可以在集团公司内部协商解决。

第四种做法：如果双方势均力敌，那么可以通过协商，订立协定，划清业务边界，彼此和平共处，互不违约，直到形势变化。

综上所述，双赢的核心是双方作为“现实人”，都接受和解，双方都能满意，从而都有前景。

这表明，市场竞争中的纠纷和矛盾，是可以化解的，“经济人”或“理性人”越来越让步于“社会人”或“现实人”，这是市场的趋势。

## 经济学是一门历史的科学

对我们来说，学习西方经济学近300年来的演变历史，不仅有利于我们较深入地了解西方经济学说是怎样一步步变化的，而且有利于我们对于建设社会主义经济学说体系的认识。中国特色的社会主义政治经济学不仅必须建立在中国社会主义建设实践的基础上，也需要了解西方国家以及发展中国家经济发展的概况，以及这些国家所遇到的和力求解释的新课题。马克思当初写《资本论》时，阅读了多种包括重商主义、官房学派、古典政治经济学和庸俗经济学家的著作，从而不仅坚持了古典学派的劳动价值论，并予以更加清晰的解释，而且创造了剩余价值论。马克思在创造剩余价值论的过程中还写下了《剩余价值学说史》这样一部著作。可见，对经济学说史的评介是马克思主义经济学的重要参考资料。

马克思主义经济学产生于实践，由实践赋予活力和新的内容，并由实践来检验。换言之，中国是社会主义国家，中国社会主义革命和建设实践中出现的新情况、新问题、新政策，都要求有新的解释和新的论述，这要求我们把马克思主义经济学推向前进。这是历史赋予我们的不可推卸的责任。

一个明显的例证是中国人民在农村所进行的家庭联产承包责任制试验，以及在此基础上推进的土地确权、土地流转、新型合作制、家庭农场制和农业产业化、农业现代化的试验。中国在土地集体所有的基础上进行的一系列改革，使农村面貌一新。这就是马克思经济学说的发展，也是中国为发展中国家农业发展道路提供的经验，难道不值得继续探讨吗?

另一个明显的例证是中国发展方式的转变。长期以来，中国实行的是传统发展方式，即数量型和速度型的发展方式，追求的是高速增长，甚至超高速增长，并认为这就是中国国情。其实，这是不利于中国的发展的：效率低下、资源过度消耗、环境生态遭破坏、结构失调、某些行业产能过剩，而短板行业则一直未能补上。为此，我们必须深入认识中国的国情，认识供给侧结构性改革的迫切性，着手从数量型和速度型的发展方式转变为效益型和质量型的发展方式，将高速增长转变为中高速增长，实行结构调整，创新驱动，补齐短板，调动企业作为经济主体的动力和活力。要知道，发展方式的转变是重中之重，这就是马克思主义经济学的发展、中国特色社会主义经济学的发展。

第三个明显的例证是中国正在悄悄地进行着一场人力资本革命。这是发生在我们身边的大事，我们必须清醒地看到这些变化。人力资本革命大体上在三个领域内有较突出的表现：一是外出农民工中有不少人回乡创业。他们已外出务工多年，结识了一些朋友，学会了某些技艺，积累了一定的资金，懂得了市场运作，于是纷纷返回家乡。这样，既能与亲人团聚，又可以投身于养殖业、种植业或手工业，有些人还办起了小微企业，并通过职教方式充实自己的知识，精通自己的技艺。二是不少年轻人，包括大学生、年轻教师和研究人员等，都投身于创意、创新、创业的大潮中，他们不断学习，不断参加新产品或产品新功能的研究，同时，还有一些民营企业家在关心这些年轻人的创意、创新，支持他们的研究成果，使自己受益。三是一些大学毕业生自愿到农村去，同家庭农场主、合作组织的领导人订合同，加入农业技术推广、普及工作，并为农业产业化、农业现代化做贡献。有人说，中国的人口红利已经耗尽了，中国的改革红利已经枯竭了，这些人实际上不了解中国。事实表明，中国特色的社会主义经济正在不停地发展，并为新的人口红利、新的改革红利的登场创造条件。

我以为，历史是需要不断总结的，社会主义经济学不会止步于今天。社会主义经济学的研究者牢记着“经济学是历史的科学”，一定会让社会主义经济学继续发展壮大。

（本文发表于2017年6月13日《光明日报》）

# 中国发展需要弘扬优秀企业家精神

## 建设中国特色社会主义需要企业家和优秀企业家精神

当经济学界最初使用"企业家"这个术语时，并没有专指某一类企业家，而是泛指有创新精神、创业精神的从事企业活动的能人。按美国经济学家熊彼特的说法，企业家就是开拓者、创新者，企业家就是把科学技术发明引入经济生活之中，把经济推向前进的人。从第二次世界大战结束后这几十年各国经济增长和技术进步的历史来看，各国的政界、经济学界和企业界无不关心创新，无不把创新同企业家的努力、拼搏和开拓精神连接在一起，也无不肯定企业家在推动经济增长中的作用。

改革开放以来，党中央、国务院和社会各界一直高度重视对企业家的培育和鼓励。习近平总书记指出："我们全面深化改革，就要激发市场蕴藏的活力。市场活力来自人，特别是来自企业家，来自企业家精神。"[①]习总书记的这段话，清楚地告诉我们，在社会主义社会的发展和建设过程中，需要一大批具有核心竞争力的企业，需要众多具有开拓精神，能发现机会、整合资源、勇于创新、敢于拼搏、爱国

① 习近平出席2014年亚太经合组织（APEC）工商领导人峰会所做的题为《谋求持久发展　共筑亚太梦想》的主旨演讲，人民网，2014年11月9日。

敬业的企业领导人、带头人。社会主义社会发展和建设过程中，既有公有制企业，也有非公有制企业，还有混合所有制企业，更有无数小微企业，所有这些企业都在朝着追求卓越、开拓市场的方向前进。企业家在市场经济的激励下，为国家的发展，为企业的建设贡献自己的力量，他们是参与经济活动的重要主体、“关键少数”和特殊人才。党中央、国务院从新时期国家战略发展出发，出台《中共中央 国务院关于营造企业家健康成长环境弘扬优秀企业家精神更好发挥企业家作用的意见》（以下简称《意见》），对激发与保护优秀企业家精神提出了总体要求和具体举措，意义十分重大。

## 依法加强企业家财产保护的重要性

要让市场有生气，必须使社会有良好的预期，而社会良好预期的形成首先与产权保护有关。《意见》就“营造依法保护企业家合法权益的法治环境”提出了三个方面的措施：一是依法保护企业家财产权，二是依法保护企业家创新权益，三是依法保护企业家自主经营权。这三个方面的内容是紧密地联系在一起的。古语云，“有恒产者有恒心”，这句话至今仍然有效。如果社会上的个人产权遭到侵犯，或非公有制企业的产权遭到侵犯，法律对产权的保护缺位，那就不可避免地造成人们预期紊乱，而一旦预期紊乱，创新创业就会失去动力。这种情况是屡见不鲜的。

从当前中国社会主义市场经济的状况来看，依法加强企业家财产保护是十分重要的。唯有使广大人民、众多企业经营者有财产安全感，才能保证社会的稳定和经济的持续增长。公平保护财产权，最重要的就是要树立法律的最高权威。法律是一视同仁的，法律法规让公有财产和非公有财产一律受到保护，使公众有财产安全感，全国上下都会因为有良好的预期而产生动力和活力。对于政府而言，为了激励和保护企业和投资人，一定要守信践诺，取信于民。各地政府不能以政府换届或领导人更替等理由违约，不能将公权力凌驾于法治之上。



## 形成促进企业家公平竞争的市场环境

为了激发与保护优秀企业家精神，除了要切实保护产权和其他财产权利之外，另一个重要问题就是《意见》提出的通过多种措施“营造促进企业家公平竞争诚信经营的市场环境”，促进各种所有制经济依法依规平等使用生产要素，公开公平公正参与市场竞争，同等受到法律保护。

市场经济是讲究公平竞争的，在公平竞争的前提下，企业家的才能，重组生产要素的能力，以及冒险精神、市场开拓精神和拼搏精神都会迸发出来。因此，从政府的角度来看，一项重要的任务就是依法清理、废除一切妨碍统一市场和公平竞争的规定和做法，国家或地方政府建设工程项目的招标投资应当进一步阳光化，让一切有条件、够资格的企业都能参与竞争，并依法取缔各种不公平竞争和腐败行为。这是非公有制企业，特别是中小企业迫切的愿望。

## 健全企业家诚信经营激励约束机制

信用是对交易者合法权益的尊重和维护。信用涉及的不仅是目前的交易，还有今后的交易。信用扩大了经济生活的范围，扩大了市场的领域，并使交易得以持续，交易成本得以下降。在经济生活中，交易者遵守信用，既是对交易双方的合法权益的尊重和维护，也是对双方继续交易的推动。“谁老实，谁吃亏”，别人以虚伪待你，你也只好以虚伪待人，尽管这只是一种“自保”的做法，但却形成了一种不正当的社会风气，甚至留给下一代、再下一代。西方有这样一句谚语：他欺骗了所有的人，最后他发现，原来自己也被所有的人骗了！对信用的破坏，固然损害了别人，实质上也使自己遭到损失。这绝对不是一个小问题，而是关系到企业和企业家能否发挥作用、市场机制能否发挥作用的大问题。

对社会主义社会来说，诚信待人、诚信经营和诚信交易是必备的市场准则。社会主义社会的每一个企业和企业管理人员，实际上有两条底线：一条是法律底线，另一条是道德底线。法律底线不可逾越，道德底线同样不可逾越。法律底线和道德底线无疑要靠人们的自律，但仅靠自律是不够的，还必须加快落实《意见》提出的“健全企业家诚信经营激励约束机制”“持续提高监管的公平性规范性简约性”，依靠信用监管和社会监督，使那些违背诚信的单位和个人受到抵制，受到处分，从而使市场经济的运行法治化和规范化，使交易者的合法权益得到维护。

## 为企业和企业家创新创业营造良好的社会氛围

《意见》提出，“营造尊重和激励企业家干事创业的社会氛围”。要实现这一目标，首先，要完善对企业家的容错帮扶机制。特别是，社会对那些在新产品试制和新管理营销中踏踏实实工作但走过弯路，甚至有过挫折的创新创业者要加大关注和支持力度，这样才能激励企业和企业家、创新和创新者。其次，要拓宽企业家参与国家政治生活和管理社会公共事业的渠道。江山代有能人出，其中有研究人员和发明家，还有企业家和创新创业能人。他们遵纪守法、讲诚信，同时也有参政能力。如果各行各业思想进步、参政议政能力强的行业代表能有机会积极参加政治活动，一定可以把本行业所了解的信息及时反映给各级政府，及时为企业排忧解难，使企业的建言献策取得更及时的处理。最后，要加强对企业家的正面宣传。在网络时代，各种各样的有关企业家的信息广为传播，一些未经核实的负面消息使公众困惑，也打击了不少企业家的积极性，还导致一些有志为企业出力的年轻人对舆论产生不信任感，从而转向消沉。因此，加强对企业家的正面宣传十分重要，只有坚持实事求是，鼓励团结稳定，才有助于形成支持、激励企业家的社会氛围。

从以上的分析可以清楚地看出，无论是加强对企业家的社会激励，拓宽企业家参与国家政治生活和管理社会公共事务的渠道，还是加强对企业家的正面宣传，都是制度建设的问题。通过一系列制度建设，解决制约优秀企业家精神的主要问题，多方面改进服务、优化环境，释放激发和保护优秀企业家精神的积极信号，必然会提高企业家的信心。优秀企业家精神的发挥和制度建设的日益完善，二者是相互促进、相辅相成、缺一不可的。唯有完善了制度建设，营造了尊重企业家的社会氛围，才能激发出企业家们的积极性和主动性。同样的道理，一旦企业家们有了安全感，有了制度的保障，他们就会不断开拓，不断创新创业。

## 优秀企业家精神需要继续培育传承

《意见》强调，“让优秀企业家精神代代传承”。从目前企业家精神在国内的表现来看，的确需要加强优秀企业家精神的培育传承。

第一，要引导企业家树立崇高理想信念。强化自觉遵纪守法意识，保持艰苦奋斗的精神风貌，主动履行社会责任。目前，许多企业都重视企业文化工作的开展。企业文化的宗旨是什么？最重要的就是培育企业职工的认同感，增强企业职工的凝聚力。从企业家、企业高管直到每一个普通工人，大家都需要有社会责任感。这种凝聚力，这种社会责任感，就是企业最宝贵的财富。

第二，要大力培育年轻一代企业家。社会上流行过这样几句话：第一代企业家是创新创业的一代、开拓进取的一代；第二代可能是守成的一代，而到了第三代，却有可能是只图享受的一代、衰落的一代，甚至是败尽家产的一代。事在人为，有不少民营企业家已经觉察到了这一点，他们意识到：儿女胜似我，留钱干什么？儿女不如我，留钱干什么？因此，必须加强对家族的企业家精神的教育，要把前辈的开拓精神、创新创业精神传承下去。政府也应当重视对年轻一代企业家的教育、引导和帮助，年轻一代完全有可能成为继续拼搏的一代。

第三，要加强党对企业家队伍建设的领导。坚持党管人才，强化企业家队伍建设，加强对国有企业家的党性教育、宗旨教育、警示教育，加强企业党建工作。在中国特色社会主义经济发展和建设的过程中，使国有企业家发扬创新精神、守法律己精神，不仅是进一步做强做优做大国有企业所必需的，也会对民营企业发挥示范作用，将众多的民营企业和民营企业家引导到为社会做出更大贡献的道路上来。

## “二次创业”的高潮正等待着中国企业家群体

在世界经济深度调整的背景下，中国经济正在迅速双重转型，即一方面实现从传统的经济向工业化、后工业化和信息化经济的转型，另一方面实现从社会主义计划经济体制向社会主义市场经济体制的转型。这两种转型的叠加，涉及一系列重大问题，其中最为关键的就是加快发展方式的转变：

从数量型和速度型的发展方式转变为效益型和质量型的发展方式。因此，供给侧结构性改革必然成为当前改革的重中之重。结构性改革不是单纯的结构调整问题，而是以体制改革为治本之策，通过体制的改革，淘汰落后产能，实现科技创新、体制创新、管理创新、营销创新，促进制造业、农业、服务业等行业走上新台阶，闯出新道路。在这一进程中，企业家精神始终是推进供给侧结构性改革的重要推动力之一。

当前，无论是国有企业还是混合所有制企业和民营企业，在双重转型过程中都面临“二次创业”的机遇和挑战。“二次创业”不是传统发展方式的延续，而是同供给侧结构性改革紧密联系在一起的，包括推出新产品、新设备、新设计，开拓新市场，形成新优势。“二次创业”蕴藏着无穷的商机，谁有企业家精神，勇于去拼搏开拓，谁就有可能获得成功，市场欢迎企业家大胆闯荡，胜利属于有智有谋有远见的开拓者、创新者。可以预料，创业创新的新一代企业家必将大量涌现。“二次创业”的高潮正等待着中国企业家群体，等待着他们智慧的发挥。常言说得好：小富靠勤奋，中富靠机遇，大富靠智慧。企业家精神既体现了勤奋，也体现了获得机遇的能力，更体现了企业家智慧的发挥。相信在企业家特别是年轻一代的企业家中，企业家精神必将不断迸发，企业家的国家使命感和民族自豪感必将不断提升。这样，“二次创业”就会持久坚持下去，推动中国经济不断取得新的成就，形成新的优势，使中国梦早日实现。

（本文发表于2017年9月26日《人民日报》）

# 结束语

## 道德力量对经济效率的作用

经济学是研究效率的。效率有两个基础。一是效率的物质技术基础，二是效率的道德基础。效率的物质技术基础包括厂房、机器设备、动力供应、原材料、劳动者素质、管理水平等。效率的物质技术基础固然重要，但效率的物质技术基础所提供的只是常规效率。超常规效率从哪里来？它来自效率的道德基础。不妨举两个例子。一个例子是：在抗日战争年代，广大人民群众为什么有如此高昂的工作热情，战士们为什么有舍身杀敌的勇气呢？这就是效率的道德基础在发挥作用。另一个例子是：在特大自然灾害来临的时候，比如2008年5月四川汶川大地震期间，解放军官兵和志愿者为抢险救灾而奋不顾身，甚至献出自己的生命，这同样是效率的道德基础在发挥作用。

道德力量的调节无疑是市场调节和政府调节之外的第三种调节。在优秀企业家精神激励下所产生的创新创业活动和拼搏开拓行为，既反映了时代精神，也反映了优秀文化的传承，这正是民族的骄傲、民族的希望所在。

自从2008年国际金融危机爆发以来，国际经济至今仍处于继续调整之中。根本原因何在？在于上一轮科技进步所提供的产业新体制的作用越来越小，也可以说发展模式的吸引力和潜能不足。许多国家指望自己能跟上大国的步伐，但找不到入门途径。

经济情况较好的国家或地区对世界经济的发展而言，实际上肩负着激活本国经济和激活国际交易市场两方面的责任。通过本国经济政策的修改和调整，使得本国的经济结构调整能够适应国外的某些政策，这样一方面使得本国经济能够跟得上国际的变化，另一方面也满足了国内经济结构优化调整的需要。

另一种适应国际的变化是国外的优点应当得到本国的重视。尽可能通过结构性改革，维持结构性改革继续推进。考虑到国内有必要保持稳定，在结构性改革的过程中，要大力提高技术工人的数量和质量。并设法多方面提高技术工人的薪酬，这是过去若干年内技术人才稳步增加收入必经的前进的道路。

## 中国目前应当加紧能源法的制定

无论是法律界、经济界还是行政管理界，近年来一直在呼吁要加紧制定能源法。

各界制定能源法的目标之一是：必须以绿色发展为导向，并由此直接影响新能源发展战略。这是因为，绿色发展直接关系到子孙后代的生活和生产。如果不早日制定能源法，法律效力不足，对违法者惩处缺少，那么不利于绿色能源结构的推行。

各界制定能源法的目标之二是：淘汰产能有法可依。盲目降低能源对节约能源可能是有害的，我们应能够保证中国能源的自给，同时还有利于国际能源合作。

中国能源法之所以难以解脱国难，重点在于部门利益作怪。

对于这个问题，应进行更深入的分析。比如说，对能源链条长、多头管理的格局，无论哪一个部门都认为自己有责任维护自身的利益，即使认识到这种多头管理格局有不少不合理之处，也没有哪一个部门愿意放弃原来的利益。

那么，在多头管理的格局下，能不能通过部门之间的协商来解决疑难问题呢？实践表明这仍有很大难度，因为多头之间的协商只可能把问题置于长期讨论而没有真正解决的状态。

经验告诉人们，如果多头管理的现状不变，不管由哪个部门制定，都不可能使能源法顺利出台。

根据研究，唯一可行的办法只可能由全国人民代表大会起草，各有关部门重新起草，再由有关部门反复讨论，再通过。

## 从“经济人”“理性人”假设转向“社会人”“现实人”假设

接着，我想借这个机会谈一谈从“经济人”“理性人”假设转入“社会人”“现实人”假设。

“经济人”假设，又被称为“理性人”假设。它首创于古典经济人假说。

从18世纪70年代起，以亚当·斯密为代表的古典经济学家认为，在市场经济活动中，每一个交易者都是“经济人”“理性人”，都追求最低成本、最大收益。这被称为“斯密教条”。“经济人”假设、以马歇尔为代表所提出的“理性人”假设和“市场”假设至今仍常常被人引用。

在新的形势下，交易者们会越来越懂得，按照“经济人”“理性人”假设是行不通的。交易者假定采取不妥协的战略，硬拼下去，结果必定是两败俱伤，是“双输”。这样的结果谁都不愿意看到。

于是，交易者们有可能逐渐从“经济人”“理性人”假设转变为“社会人”“现实人”假设。这就是战略思想的转变。

这表明，根据以上的分析，即根据“现实人”的假设，交易者要重在协商，重在和解，重在分享，重在共赢。

每一个有经验的交易者都懂得，与其两败俱伤，不如各自后退一步，和解，分享。这也是共赢的反映。

在实际工作中，人们希望获得全部利益，这当然是最好的结局。但在市场竞争的实践中，人们也希望在协调中取得共赢，即在和解、协商的基础上取得共赢。共享在任何形势下都是“次优选择”，都是可接受的。

# 后　记

应《经济研究》编辑部、广东经济出版社有限公司的邀请，我不但同意加入《改革开放进程中的经济学家学术自传》丛书的编委会，而且同意写下了这部学术自传。

我今年已经89岁了，精力体力都大不如前。我参加改革开放的探讨始于1978年，我的著作大部分出版于1978年到2015年。现在把自传交给《经济研究》编辑部，供读者参考。

我交给出版社的两篇有代表性的论文，也许可以说明这样一点：尽管年龄大了，但我坚持改革开放的志向未变，仍同20世纪80年代、90年代一样，为早日实现“中国梦”而参加学术讨论。

2019年12月于北京